Contratos de Representação Comercial

Contratos de Representação Comercial

CONTROVÉRSIAS E PECULIARIDADES
À LUZ DA LEGISLAÇÃO BRASILEIRA

2016

Vivian Sapienza Cardozo

CONTRATOS DE REPRESENTAÇÃO COMERCIAL
CONTROVÉRSIAS E PECULIARIDADES À LUZ DA LEGISLAÇÃO BRASILEIRA
© Almedina, 2016

AUTOR: Vivian Sapienza Cardozo
DIAGRAMAÇÃO: Almedina
DESIGN DE CAPA: FBA
ISBN: 978-858-49-3165-1

Dados Internacionais de Catalogação na Publicação (CIP)
(Câmara Brasileira do Livro, SP, Brasil)

Cardozo, Vivian Sapienza
Contratos de representação comercial :
controvérsias e peculiaridades à luz da
legislação brasileira / Vivian Sapienza
Cardozo. -- São Paulo : Almedina, 2016.
Vários autores
Bibliografia.
ISBN 978-85-8493-165-1

1. Contratos - Brasil 2. Contratos (Direito
civil) 3. Direito civil - Leis e legislação -
Brasil 4. Representações comerciais - Leis e
legislação - Brasil I. Título.

16-08627   CDU-347.44(81)

Índices para catálogo sistemático:
1. Brasil : Tributos : Direito tributário
34:336.2(81)

Este livro segue as regras do novo Acordo Ortográfico da Língua Portuguesa (1990).

Todos os direitos reservados. Nenhuma parte deste livro, protegido por copyright, pode ser reproduzida, armazenada ou transmitida de alguma forma ou por algum meio, seja eletrônico ou mecânico, inclusive fotocópia, gravação ou qualquer sistema de armazenagem de informações, sem a permissão expressa e por escrito da editora.

Novembro, 2016

EDITORA: Almedina Brasil
Rua José Maria Lisboa, 860, Conj.131 e 132, Jardim Paulista | 01423-001 São Paulo | Brasil
editora@almedina.com.br
www.almedina.com.br

"In memoriam" de Roberto Sapienza - meu super-herói; meu super-avô. Minha inspiração e motivação para realizar o curso de Direito. Saudade eterna.

Ao Cláudio Oliveira Mattos, meu grande mestre sobre contratos de representação comercial, por todos os ensinamentos e oportunidades.

AGRADECIMENTOS

Agradeço a minha família, em especial aos meus pais, Paulo Roberto de Andrade Cardozo e Wilma Sapienza Cardozo, ao meu irmão, Victor Sapienza Cardozo, e a minha avó, Rita Silveira Sapienza, por todo o amor, dedicação e apoio a minha carreira jurídica. Vocês são a base de tudo – muito obrigada!

Ao Prof. Rodrigo Fernandes Rebouças, por todo o profissionalismo e paciência na orientação da presente obra.

À Ana Paula Schedel, por todas as discussões e trabalhos elaborados em conjunto sobre contratos de representação comercial, e por tudo o que me ensinou no dia-a-dia de um escritório de advocacia.

Ao Fernando Vargas, meu amigo e mentor profissional, por todos os conselhos e orientações que foram fundamentais para o meu crescimento profissional e pessoal.

Aos meus amigos e colegas de trabalho, Ademilson Viana, Angelica Leite, Elisa Athaide de Andrade, Fabianna Morselli, Marcelo Simon Ikeziri, Ramon Abreu Lima, Renata Ozelim Tessarollo, Rodrigo Salem, Pedro Brito, Sylvio Toshiro Mukai, e Vanessa Kalijnikoff Battaglia, por serem minha família em São Paulo, e por tornarem os dias cinzas e de garoa sempre mais alegres e coloridos.

LISTA DE ABREVIATURAS E SIGLAS

Art. = artigo

CF = Constituição Federal de 1988

CLT = Consolidação das Leis do Trabalho

Código Civil ou CC = Lei nº 10.406, de 11 de janeiro de 2002

Código de Ética = Código de ética e disciplina dos representantes comerciais

COFINS = Contribuição para financiamento da seguridade social

Confere = Conselho federal dos representantes comerciais

CPC = Código de processo civil – Lei 13.105, de 16 de março de 2015

Ed. = Edição

Emenda Constitucional 45/2004 = EC 45/2004

ICMS = Imposto sobre circulação de mercadorias e prestação de serviços

IPI = Imposto sobre produtos industrializados

Lei de Arbitragem = Lei n.º 9.307, de 23 de setembro de 1996

Lei de Defesa da Concorrência = Lei 12.529 de 30 de novembro de 2011

LINDB = Decreto-Lei n.º 4657, de 4 de setembro de 1942 - Lei de Introdução às Normas do Direito Brasileiro

LRC = Lei 4886/65, alterada pela lei pela lei 8420/92

PIS = Programa de Integração Social

STF = Supremo Tribunal Federal

STJ = Superior Tribunal de Justiça

TRT = Tribunal Regional do Trabalho

TST = Tribunal Superior do Trabalho

SUMÁRIO

Capítulo 1
Introdução 15

Capítulo 2
Considerações Preliminares 19
   2.1 Histórico 19
   2.2 O que é representação comercial? 23

Capítulo 3
Representação Comercial, Agência e Distribuição 27
   3.1 Representação comercial e agência 29
      (i) Obrigação de resultado x obrigação de meio 34
      (ii) Limites de atuação 35
      (iii) LRC x Código Civil 37
   3.2 Representação comercial e distribuição 38
   3.3 Opinião 42

Capítulo 4
Registro no Conselho 47
   4.1 Estrangeiros 48
   4.2 Pessoas jurídicas 49
   4.3 Registro x elementos fáticos 49

Capítulo 5
Forma 53

Capítulo 6
Exclusividade 57

6.1 Exclusividade de zona ou território..58
    6.1.1 Contratos verbais...60
    6.1.2 Redução da zona ou área de atuação do representante 61
6.2 Exclusividade da atividade de representação..63
6.3 Exclusividade total ou parcial 65
6.4 Penalidades em caso de descumprimento..66

Capítulo 7
Remuneração..69
7.1 Prazo para aceitação das propostas 70
7.2 Impostos integram ou não as comissões?..71
7.3 Cláusula "del credere" 75

Capítulo 8
A Boa-Fé Objetiva e as Alterações no Contrato de Representação Comercial 77
    8.1.1 Comissões pagas a menor 79
    8.1.2 Supressão da exclusividade e redução da área de atuação 84
    8.1.3 Pleitos após a quitação...85

Capítulo 9
Prazo, Rescisão e Indenizações 89
9.1 Prazo 92
9.2 Resilição unilateral do contrato por prazo determinado 93
9.3 Resilição unilateral do contrato por prazo indeterminado....................94
    9.3.1 Prazo do aviso prévio 95
9.4 Motivos justos para a resolução pelo representado 97
9.5 Motivos justos para a resolução pelo representante 98
9.6 Dispensa de aviso prévio em caso de resolução.....................................98
9.7 Resumindo...99

Capítulo 10
Aspectos Processuais 101
10.1 Competência 101
    10.1.1 Competência Material 103
    10.1.2 Competência territorial 110
10.2 Leis estrangeiras e cláusula de arbitragem 111
10.3 Prescrição 114

Capítulo 11
Aspectos Trabalhistas 117
   11.1 Metas de Vendas 121

Capítulo 12
Conclusão..123

REFERÊNCIAS 127

Capítulo 1
Introdução

Em dezembro de 2015 a Lei n.º 4886, de 9 de dezembro de 1965, alterada pela Lei n° 8.420, de 8 de maio de 1992 ("**LRC**"), a qual regula os termos e as condições que regem a representação comercial, completou cinquenta anos.

Apesar de a representação comercial já existir no Brasil de longa data, aos representantes comerciais não era conferida proteção legal específica no que concerne ao exercício de suas atividades antes da LRC.

Não obstante o aniversário de cinquenta anos em que a representação comercial é regulada no Brasil, pode-se ainda verificar diversas dúvidas e controvérsias no que concerne aos elementos caracterizadores da representação comercial, bem como no que diz respeito às diferenças e às semelhanças relacionadas à representação comercial e outras relações jurídicas, tais como agência, distribuição e relações de emprego.

Apesar de muitos artigos e obras já terem sido publicados sobre o tema, este é inesgotável - com o passar dos anos e com o surgimento de novos casos na esfera prática, as discussões doutrinárias e jurisprudenciais se tornam cada vez mais acaloradas.

O objetivo da presente obra é apresentar, de forma não exaustiva, as peculiaridades e as controvérsias relacionadas aos contratos de representação comercial, com base em um estudo doutrinário e jurisprudencial da legislação brasileira, bem como na vivência prática da autora na elaboração e na negociação dos referidos contratos.

Destaque-se que a presente obra tem como foco e objetivo o estudo da legislação brasileira, sendo alusões pontuais à legislação e à doutrina estrangeiras feitas para fins de referência ao leitor, e não com o propósito de um estudo aprofundado.

Este trabalho está dividido em doze Capítulos, sendo o presente Primeiro Capítulo utilizado para fins introdutórios do conteúdo disposto na presente obra.

Já no Segundo Capítulo serão apresentadas informações históricas sobre a representação comercial, bem como o seu conceito e definição de acordo com a legislação específica.

O Terceiro Capítulo, por sua vez, trata de uma das questões mais controversas entre os operadores do direito no que concerne à matéria: são apresentados os diversos posicionamentos da doutrina com relação às semelhanças e às diferenças entre representação comercial, agência e distribuição.

Em razão da tipificação dos contratos de agência e de distribuição, intensificaram-se as discussões se essas figuras se confundem ou não com a representação comercial. Cumpre elucidar, desde já, que na presente obra a representação comercial, a agência e a distribuição serão tratadas como figuras distintas, pois na opinião da autora, apesar de apresentarem semelhanças, essas figuras jurídicas não se confundem.

As questões relacionadas à formalidade prevista em lei com relação ao registro dos representantes comerciais nos Conselhos Regionais competentes é prevista no Capítulo Quarto; e a forma em que os contratos de representação comercial são celebrados no Capítulo Quinto.

O Capítulo Sexto trata da exclusividade, tanto com relação à zona ou território de atuação do representante comercial, quanto no que concerne às atividades por este exercida.

As peculiaridades relativas à remuneração do representante comercial estão previstas no Capítulo Sétimo, incluindo-se (i) os prazos para aceitação das propostas previstos na legislação específica; (ii) o entendimento da jurisprudência no que concerne ao cômputo dos impostos no cálculo das comissões; (iii) a vedação de alterações que diminuam a média das comissões do representante; e (iv) a proibição do pacto de cláusula "*del credere*".

Já no Capítulo Oitavo é feita a análise de jurisprudência no que concerne à aplicação do princípio da boa-fé objetiva no âmbito das alterações realizadas no contrato de representação comercial.

As características particulares da representação comercial com relação ao prazo, rescisão e indenizações estão previstas no Capítulo Nono. A compreensão e o estudo do disposto nesse Capítulo é de extrema importância, tendo em vista que comumente as indenizações decorrentes da rescisão de contrato de representação comercial atingem valores altos.

No Capítulo Décimo são descritos, de forma não exaustiva, aspectos processuais peculiares e de notável relevância relacionados aos contratos de representação comercial, quais sejam (i) competência; (ii) leis estrangeiras e cláusula de arbitragem; e (iii) prescrição.

Por fim, no Capítulo Décimo Primeiro são apresentados os elementos que podem caracterizar vínculo empregatício, ainda que a relação pretendida pelas partes seja de representação comercial. No Capítulo Décimo Segundo as conclusões atinentes ao presente estudo são trazidas à baila.

A representação comercial trata-se de um tema fascinante e desafiador para os operadores do direito, em especial para os contratualistas que, ao redigirem e negociarem os contratos podem mitigar os riscos de questionamentos e conflitos entre representado e representante, seja na esfera judicial ou arbitral.

Capítulo 2
Considerações Preliminares

A representação comercial transcende à publicação de sua legislação específica, já havendo indícios do seu exercício antes da vigência da LRC. Em razão da ampla adesão a essa modalidade contratual no território brasileiro para fins de venda de produtos e/ou serviços, é importante, principalmente, para profissionais atuantes na área comercial e na área jurídica compreenderem os principais aspectos relacionados a esta atividade. O presente Capítulo apresentará um breve histórico sobre a representação comercial, bem como conceitos e definições específicas do referido negócio jurídico.

2.1 Histórico

Em razão da evolução e do desenvolvimento da sociedade e das relações de consumo, criou-se a necessidade de se estabelecer novas relações jurídicas que possibilitassem a circulação rápida, menos onerosa e mais eficaz de produtos e serviços.

Em um estágio mais preliminar da exploração da atividade comercial, o próprio fabricante e/ou fornecedor era responsável pela criação, desenvolvimento e venda de produtos e/ou serviços para os consumidores finais.

Com o passar dos anos, viu-se a necessidade de se aprimorar a atividade comercial, e de haver mais especialização na cadeia produtiva. Primeiramente, essa especialização foi refletida na criação de setores diversificados nos próprios estabelecimentos das sociedades empresárias, por meio da contratação de empregados para a realização de atividades específicas.

Em um segundo momento, os fabricantes e/ou fornecedores viram-se interessados em atuar fora dos limites de seus estabelecimentos - e é nesse contexto que surgiu a figura do representante comercial.

Henry Cheeseman ressalta a importância da atribuição de tarefas específicas a "agentes" para o desenvolvimento e operação de empresas e parcerias:

> If business people had to personally conduct all their business, the scope of their activities would be severely curtailed. Partnerships would not be able to operate; corporations could not act through managers and employees; and sole proprietorships would not be able to hire employees. The use of agents (or agency), which allows one person to act on behalf of another, solves this problem.[1]

Conforme lecionado por Waldirio Bulgarelli, os representantes autônomos provieram dos antigos vendedores viajantes, que, ao se instalarem definitivamente em uma praça, acabavam por adquirir o estado de representantes.[2]

Também sobre a origem da representação comercial, Maria Helena Diniz comenta que:

> Essa modalidade contratual é originária do serviço prestado pelo mascate ou vendedor ambulante, que viajava no lombo de mulas, vendendo diretamente ao consumidor. Com o desenvolvimento dos transportes, o sistema de comercialização aperfeiçoou-se, e os empresários passaram a contar com colaboradores externos inde-

---

[1] "Se os empresários tivessem que conduzir pessoalmente todos os seus negócios, o escopo das atividades deles seria severamente restringindo. Não seria possível operar parcerias, empresas não poderiam agir por meio de gerentes e empregados, e empresários individuais não poderiam contratar empregados. O uso de agentes (ou agência), que permite uma pessoa agir em nome de outra, resolve este problema".
Destaque-se que o autor menciona que, à luz da legislação dos Estados Unidos da América, o termo "agente" pode ser utilizado de forma ampla, para se referir não só a contratados independentes, mas também a empregados e a sócios atuando para determinada sociedade. (CHEESEMAN, Henry. **The legal environment of business and online commerce**. 7 ed. Nova Jersey: Pearson, 2013, p. 377. Tradução livre).
[2] BULGARELLI, Waldirio. **Contratos mercantis**. 8 ed. São Paulo: Atlas, 1995. p. 504.

pendentes, que se constituíram nos agentes comerciais, com a função de colocar no mercado os produtos da empresa representada, recebendo comissão expressa em percentual sobre o valor das mercadorias vendidas ou faturadas.³

Referidos colaboradores externos dos empresários que passaram a receber sua remuneração na forma de comissão eram também conhecidos como "cometas". Tullio Ascarelli encontra no século XI o surgimento de importantes figuras jurídicas, as quais são utilizadas até os dias de hoje:

> Nesse período formaram-se regras sobre a conclusão de contratos, sobre representação, sobre auxiliares do comerciante, sobre pagamentos (a letra de câmbio aparece como instrumento de pagamentos internacionais), sobre a venda, sobre a comissão, sobre livros de comerciante, sobre falências e assim sucessivamente⁴.

O exercício profissional da atividade intermediária entre produção e consumo de bens impôs uma crescente especialização e a criação de organismos econômicos cada vez mais complexos⁵.

O Código Civil italiano de 1942 regulou a atividade denominada "agência" nos artigos 1742 a 1753. De acordo com o artigo 1742 do referido Código "Col contratto di agenzia una parte assume stabilmente l'incarico di promuovere, per conto dell'altra, verso retribuzione, la conclusione di contratti in una zona determinata"⁶.

Apesar de a representação comercial já existir de longa data, no Brasil, antes da LRC, os representantes comerciais não tinham proteção legal específica com relação às suas atividades. O Decreto n.º 737, de 1850, trazia em seu art. 19 os atos considerados de comércio, não fazendo qualquer

---

³ DINIZ, Maria Helena. **Direito civil brasileiro:** teoria das obrigações contratuais e extracontratuais. 17 ed. São Paulo: Editora Saraiva, 2002. p. 366.
⁴ ASCARELLI, Tullio. O desenvolvimento histórico do direito comercial e o significado da unificação do direito privado. In: **RDM**, São Paulo, n.º 114, 1999, p. 239.
⁵ FILHO, Oscar Barreto. **Teoria do estabelecimento comercial** – fundo de comércio ou fazenda mercantil. São Paulo: Max Limonad, 1969, p.15.
⁶ "Com o contrato de agência uma parte assume a obrigação de promover, com regularidade, por conta de outra parte, mediante retribuição, a conclusão de um contrato em uma zona determinada" (Tradução livre).

menção à representação comercial e/ou agência. De acordo com o referido artigo, os seguintes atos são considerados de comércio: (i) operações de compra, revenda e locação de coisas; (ii) operações de câmbio, banco e corretagem; e (iii) operações relacionadas à fábrica, transporte, depósito, espetáculos públicos e navegação marítima. O Código Civil de 1916 também não fazia referência a tal negócio jurídico.

Dessa forma, a LRC, que é de 1965, em seu art. 40[7], estabeleceu o prazo decadencial de cento e oitenta dias para que fossem formalizadas por escrito entre as partes as condições das relações de representação comercial que estivessem em vigor, para fins de estimular a formalização do negócio jurídico e a aplicação cristalina das disposições da LRC.

Não obstante, o parágrafo único do art. 40 da LRC, por sua vez, conferiu ao representante e ao representado o direito de não aderirem aos direitos e obrigações estabelecidos na LRC, conferindo as partes o direito de não usar "a faculdade prevista neste artigo", ou seja, de não formalizar o contrato de representação comercial por escrito.

De acordo com o referido parágrafo, nos casos em que os contratos por escrito não fossem firmados em consonância com as disposições da LRC, as partes poderiam rescindir os contratos pré-existentes sem justa causa, casos em que haveria o direito de a parte prejudicada receber indenização a ser calculada com base nos valores recebidos pelo representante nos últimos cinco anos anteriores à vigência da LRC. De acordo com essa alternativa, portanto, as partes não precisariam se vincular necessariamente às disposições da nova lei. Embora a LRC não tenha fixado um valor exato para essa indenização, estabeleceu um critério para esse cálculo, qual seja, de acordo com a retribuição recebida pelo representante nos últimos cinco anos anteriores à vigência da LRC.

A LRC, portanto, conferiu aos representantes e aos representados a faculdade de, ou (i) se adaptarem às disposições da LRC, conforme art. 40, *"caput"*, podendo estes, a seu exclusivo critério, formalizar o contrato de

---

[7] Art. 40, LRC: "Dentro de cento e oitenta (180) dias da publicação da presente lei, serão formalizadas, entre representado e representantes, em documento escrito, as condições das representações comerciais vigentes.
Parágrafo único. A indenização devida pela rescisão dos contratos de representação comercial vigentes na data desta lei, fora dos casos previstos no art. 35, e quando as partes não tenham usado da faculdade prevista neste artigo, será calculada, sôbre a retribuição percebida, pelo representante, no últimos cinco anos anteriores à vigência desta lei".

representação comercial por escrito; ou (ii) se esquivarem da aplicabilidade dos direitos e obrigações previstos na referida lei, conforme art. 40, parágrafo único – direitos e obrigações estes que apresentam cunho protetivo ao representante comercial, conforme veremos nos Capítulos seguintes.

Assim, em razão de sua natureza de disposição transitória, atualmente não há mais razão para alusão ao referido art. 40 pelas partes. Após os cento e oitenta dias a partir da data de vigência da LRC, sem que as partes formalizassem os contratos antigos, ou os rescindissem com o pagamento de indenização calculada sobre o que renderam as comissões, esgotou-se o preceito[8]. A indenização hoje devida em razão de rescisão dos contratos de representação comercial é a estabelecida nas regras próprias da LRC, conforme explicitado no Capítulo Nono abaixo.

2.2 O que é representação comercial?

Representação comercial ou "intermediação comercial" é a relação jurídica no contexto da qual o representante comercial realiza, por conta do representado, em caráter não eventual e oneroso, a intermediação de vendas, por meio do recolhimento de propostas e/ou pedidos junto ao cliente, para fins da obtenção da aprovação e, em regra, conclusão do negócio pelo representado, sem subordinação hierárquica. Tem-se, assim, na figura do representante comercial, um elo otimizador na cadeia de suprimentos, podendo este ser pessoa física ou jurídica.

O contrato de representação comercial integra o grupo dos denominados "contratos de colaboração empresarial". Os contratos de colaboração empresarial, relacionados ao escoamento de mercadorias, são aqueles em que um dos contratantes (empresário colaborador) se obriga a criar, consolidar ou ampliar o mercado para o produto do outro contratante[9].

A legislação brasileira não traz a definição legal do termo "contrato". Sobre o conceito correspondente, discorre o doutrinador Caio Mário da Silva Pereira:

---

[8] REQUIÃO, Rubens Edmundo. **Do representante comercial:** comentários à Lei n.º 4886, de 9 de dezembro de 1965, à Lei n.º 8420, de 8 de maio de 1992, e ao Código Civil de 2002. 9 ed. Rio de Janeiro: Editora Forense, 2008, p. 286.
[9] COELHO, Fábio Ulhoa. **Curso de direito comercial:** direito de empresa. 11 ed. Vol. 3. São Paulo: Editora Saraiva, 2010. p. 94.

[O contrato] é um negócio jurídico bilateral, e de conseguinte exige o *consentimento*; pressupõe, de outro lado, a conformidade com a ordem legal, sem o que não teria o condão de criar direitos para o agente; e sendo ato negocial, tem por escopo aqueles objetivos específicos. Com a pacifidade da doutrina, dizemos então que *o contrato é um acordo de vontades, na conformidade da lei, e com a finalidade de adquirir, resguardar, transferir, conservar, modificar ou extinguir direitos*. Dizendo-o mais sucintamente, [...] podemos definir contrato como o "acordo de vontades com a finalidade de produzir efeitos jurídicos"[10].

O Código Civil italiano, em seu art. 1321, define o contrato como "l'accordo di due o più parti per costituire, regolare o estinguere tra loro un rapporto giuridico patrimoniale"[11]. Já o Código Civil francês, em seu art. 1101, apresenta como definição "est une convention par laquelle une ou plusieurs personnes s'obligent, envers une ou plusieurs autres, à donner, à faire ou à ne pas faire quelque chose"[12].

A representação comercial no Brasil é regida substancialmente pela LRC, que apresenta uma série de peculiaridades com relação a este negócio jurídico tão comumente utilizado no território nacional, peculiaridades estas que são objeto de estudo do presente trabalho.

Trata-se de um contrato (i) típico, cujos direitos e obrigações das partes estão especificamente disciplinados na LRC; (ii) bilateral, em que há direitos e obrigações conferidos para ambas as partes; (iii) oneroso, sendo devida para o representante comercial remuneração pelos negócios concluídos e, em regra, pagos pelos clientes ao representado; (iv) personalíssimo; e (v) consensual, podendo ser firmado na forma verbal ou escrita, sendo admitidos como prova da contratação todos os meios admitidos em direito, incluindo troca de correspondências, formulários de pedidos, propostas e notas fiscais.

---

[10] PEREIRA, Caio Mário da Silva. Instituições de direito civil: contratos – declaração unilateral de vontade; responsabilidade civil. 13 ed. Rio de Janeiro: Editora Forense, 2009, p. 7.
[11] Código Civil Italiano, artigo 1321: "O contrato é o acordo entre duas ou mais partes para constituir, regular ou extinguir entre estas uma relação jurídica patrimonial" (Tradução livre).
[12] Código Civil Francês, artigo 1101: "O contrato é um acordo por meio do qual uma ou várias pessoas se obrigam, perante uma pessoa ou várias outras pessoas, a transferir, fazer ou a não fazer algo" (Tradução livre).

A LRC, não traz a definição da representação comercial em si enquanto relação jurídica, mas sim do profissional que a realiza, conforme art. 1º transcrito abaixo:

> Art. 1º. Exerce a representação comercial autônoma a pessoa jurídica ou a pessoa física, sem relação de emprêgo, que desempenha, em caráter não eventual por conta de uma ou mais pessoas, a mediação para a realização de negócios mercantis, agenciando propostas ou pedidos, para, transmití-los aos representados, praticando ou não atos relacionados com a execução dos negócios.

Destaque-se ainda que, de acordo com a definição do art. 1º acima, a representação comercial pode ser exercida por pessoa física ou jurídica, sendo a relação claramente distinta da relação de emprego, conforme destacado no Capítulo Décimo Primeiro abaixo.

Ainda, note-se que, conforme própria definição da LRC, o representante comercial desempenha suas funções *"por conta"* do representado, ou seja, embora atue no interesse do representado, o representante pratica atos em seu próprio nome, obrigando-se, em princípio, a si mesmo, e não o representado.

Eis a diferença substancial da representação comercial para o mandato. De acordo com o art. 653 da Lei nº 10.406, de 11 de janeiro de 2002 ("Código Civil" ou "CC"), o mandato se opera quando alguém recebe de outrem poderes para, *"em seu nome"*, praticar atos ou administrar interesses.[13]

Não obstante, a LRC confere no seu art. 1º, parágrafo único, a faculdade de serem conferidos ao representante poderes atinentes ao mandato, conforme pode-se verificar abaixo:

> Parágrafo Primeiro: Quando a representação comercial incluir podêres atinentes ao mandato mercantil, serão aplicáveis, quanto ao exercício dêste, os preceitos próprios da legislação comercial. Nesse caso, portanto, a representação comercial, além ser regulada por

---

[13] Ressalvado o caso de mandato em nome próprio, previsto na segunda parte do art. 663 do Código Civil, *in verbis*: "Sempre que o mandatário estipular negócios expressamente em nome do mandante, será este o único responsável; ficará, porém, o mandatário pessoalmente obrigado, se agir no seu próprio nome, ainda que o negócio seja de conta do mandante".

suas disposições próprias, se sujeitará também as regras do mandato mercantil.

Nesse caso, o representante atuaria em nome do mandante, ou seja, ao realizar atos perante terceiros, o representante vincularia o representado como se o próprio representado tivesse praticado o ato.

Assim, o nome técnico mais apropriado para o profissional seria "intermediador comercial", e não "representante comercial", uma vez que, em regra, este não representa o contratante, salvo se poderes específicos lhe forem conferidos para esse fim, nos termos do art. 1º, parágrafo único, da LRC.

Ainda, a representação comercial se difere do mandato porque estabelece relação estável e duradoura, enquanto o mandato geralmente é conferido para atos individualizados e isolados[14]. O mandato pode ser ainda oneroso ou gratuito, enquanto a representação comercial é necessariamente onerosa, recebendo o representante comissões em razão dos negócios intermediados e pagos pelos clientes. Para mais comentários sobre representação comercial e mandato, ver item 3.1 (ii) abaixo.

Assim, a representação comercial possibilita o fornecedor de produtos e/ou serviços expandir seus negócios para áreas distantes, sem despender custos e/ou despesas com estrutura operacional para vendas aos clientes, tais como com atividades de logística desempenhada por setor específico, bem como transporte e hospedagem de empregados, e até mesmo com abertura de filiais.

---

[14] VENOSA, Silvio de Salvo. **Direito civil:** contratos em espécie. 13 ed. São Paulo: Editora Atlas, 2013, p. 558.

Capítulo 3
Representação Comercial, Agência e Distribuição

Muitas são as dúvidas e os questionamentos com relação à representação comercial, em especial entre os profissionais que trabalham na área comercial e os próprios operadores do direito.

O fundamental para o esboço da relação jurídica ideal a ser firmada entre as partes interessadas é o relacionamento estreito entre a equipe comercial e o time jurídico, de forma que os direitos e as obrigações pretendidos sejam claramente definidos, para que a figura jurídica seja delimitada contratualmente.

A dúvida mais comum existente na operacionalização de um novo negócio é se a estrutura a ser adotada deve ser a representação comercial, a agência ou a distribuição. Ao participar de uma reunião "*kick-off*" de alinhamento de expectativas e estratégias, é fundamental que tanto a área comercial quanto a jurídica estejam a par dos riscos do negócio jurídico a ser realizado.

Conforme disposto no Capítulo Segundo, a proteção legal dos representantes comerciais no Brasil é conferida pela LRC, desde o ano de 1965.

O Código Civil trouxe em seus arts. 710 a 721 a tipificação dos contratos de distribuição e a nova modalidade contratual denominada "agência", conforme melhor detalhada adiante. Exceto no que diz respeito à Lei 6.279, de 28 de novembro de 1979 (Lei Ferrari), a qual dispõe sobre a concessão comercial entre produtores e distribuidores de veículos automotores de via terrestre, os contratos de distribuição não tinham regulação específica antes do Código Civil de 2002, sendo estes regidos por seus próprios termos e condições e por princípios gerais do direito contratual, tais como a boa-fé e a probidade. A agência também foi uma inovação trazida pelo referido CC.

Além de serem regulados por um Capítulo próprio no Código Civil, qual seja, o Capítulo XII, arts. 710 a 721, aplicam-se aos contratos de agência e distribuição, no que couber, as regras concernentes ao mandato[15], à comissão[16] e às constantes de lei especial (no caso, a LRC), de acordo com o art. 721 do CC.

Dessa forma, o uso da expressão "no que couber" indica que preponderam as normas estabelecidas no referido Capítulo XII do Código Civil, que é destinado especificamente para os contratos de agência e distribuição, sendo as regras relacionadas ao mandato, comissão e lei especial aplicadas de forma subsidiária à agência e à distribuição.

Com o advento da tipificação dos contratos de agência e de distribuição, se intensificou a divergência na doutrina e na jurisprudência se essas figuras se confundem ou não com a representação comercial, e quais seriam suas semelhanças e diferenças, uma vez que foram criados dois contratos distintos, porém o Código Civil adota, em linhas gerais, os mesmos dispositivos legais tanto para a agência quanto para distribuição.

Os diferentes posicionamentos da doutrina e da jurisprudência, bem como os pontos conflitantes sobre a representação comercial, agência e a distribuição, são detalhados nos subitens a seguir.

---

[15] O mandato é regulado substancialmente pelos arts. 653 a 666 do Código Civil. De acordo com o art. 653 do Código Civil: "Opera-se o mandato quando alguém recebe de outrem poderes para, em seu nome, praticar atos ou administrar interesses. A procuração é o instrumento do mandato". Para mais informações sobre mandato e representação comercial, ver item 2.2 acima e item 3.1 (ii) abaixo.

[16] A comissão é regulada substancialmente pelos arts. 693 a 709 do Código Civil. De acordo com o art. 693 do Código Civil: "O contrato de comissão tem por objeto a aquisição ou a venda de bens pelo comissário, em seu próprio nome, à conta do comitente".

Silvio Venosa bem diferencia a comissão da representação comercial, *in verbis*: "[...] na comissão o comissário age em nome próprio, mas por conta do comitente. Perante terceiros, não é necessário que esses conheçam a identidade do comitente. A comissão estabelece uma relação interna entre comitente e comissário. Na representação comercial, é de sua natureza a divulgação do nome do representado, alicerce da boa consecução dos negócios".

(VENOSA, Silvio de Salvo. **Direito civil**: contratos em espécie. 13 ed. São Paulo: Editora Atlas, 2013, p. 504).

3.1 Representação comercial e agência

No que concerne aos conceitos de "representação comercial" e "agência", há divergência na doutrina e na jurisprudência, substancialmente, se (i) a agência regulada pelo Código Civil abarca a representação comercial regida pela LRC, tratando-se, portanto, a representação comercial e a agência da mesma modalidade contratual; ou se (ii) a agência seria um novo tipo de contrato de serviços, por meio do qual o agente promove os negócios do contratante ou fornecedor, sem fazer qualquer tipo de intermediação, emissão de pedidos para venda de produtos e/ou serviços, e/ou conclusão de negócios.

A partir de uma leitura comparativa dos ordenamentos jurídicos referentes ao contrato de representação comercial e ao contrato de agência, verifica-se a semelhança da descrição de ambos os institutos, conforme abaixo:

LRC	Código Civil
Art. 1º. Exerce a representação comercial autônoma a **pessoa jurídica ou a pessoa física, sem relação de emprego**, que desempenha, **em caráter não eventual** por conta de uma ou mais pessoas, **a mediação para a realização de negócios mercantis**, agenciando propostas ou pedidos, para, transmití-los aos representados, praticando ou não atos relacionados com a execução dos negócios.	Art. 710. Pelo contrato de agência, uma **pessoa assume, em caráter não eventual e sem vínculos de dependência**, a obrigação de promover, à conta de outra, mediante retribuição, **a realização de certos negócios**, em zona determinada, caracterizando-se a distribuição quando o agente tiver à sua disposição a coisa a ser negociada.
Parágrafo único. **Quando a representação comercial incluir podêres atinentes ao mandato mercantil**, serão aplicáveis, quanto ao exercício dêste, os preceitos próprios da legislação comercial. (Grifou-se).	Parágrafo único. O proponente pode conferir **poderes** ao agente para que este o **represente na conclusão dos contratos**. (Grifou-se).

Dessa forma, pela simples leitura em conjunto do art. 1º da LRC e do art. 710 do Código Civil, já se pode verificar as seguintes semelhanças, respectivamente, entre o representante comercial da LRC e o agente do Código Civil: (i) independência e autonomia, ou seja, não se estabelece uma relação de emprego entre as partes; (ii) continuidade da relação jurídica, em razão do "caráter não eventual" mencionado em ambos os artigos; (iii) tanto o contrato regulado pela LRC quanto o preceituado pelo Código Civil podem ser firmados por pessoa física ou jurídica; e (iv) há possibilidade de representação para a realização de atos de consumação ou conclusão dos negócios, mediante convenção das partes no contrato de poderes referente ao mandato – ressalte-se que mesmo nessa hipótese a atuação do representante comercial se apresenta distinta da do mandatário, visto tratarem-se de funções acessórias, meramente complementares da atividade material que as antecede, qual seja, promover contratos[17].

Verificadas essas semelhanças, os operadores do direito então se questionaram: seriam os contratos de representação comercial e agência a mesma figura jurídica, ou seria o contrato de agência um novo tipo de contrato trazido pelo Código Civil?

Para Humberto Theodoro Júnior, o novo Código Civil, a exemplo do direito europeu, abandonou a nomenclatura "representante comercial", substituindo-a por "agente". Sua função, porém, continuaria sendo exatamente a mesma do representante comercial autônomo[18].

Portugal, por exemplo, no próprio preâmbulo do Decreto-Lei n.º 178/86, o qual regula o contrato de agência, clarifica que "contrato de agência" e "contrato de representação comercial" são expressões sinônimas[19].

Assim se posiciona também Andre Luiz Santa Cruz, que considera representação comercial e agência como uma mesma figura contratual[20].

---

[17] MONTEIRO, António Pinto. **Contrato de agência**. 5 ed. Coimbra: Almedina, 2004, p. 44.
[18] THEODORO Júnior, HUMBERTO. **Do contrato de agência e distribuição no Código Civil**. Disponível em: http://www.egov.ufsc.br/portal/sites/default/files/anexos/8198-8197-1-PB.htm. Acesso em 18 set. 2016.
[19] Preâmbulo do decreto-lei n.º178/86, de 3 de julho (Portugal): "O contrato de agência, ou de representação comercial, como também é conhecido, apesar da tipicidade social de há muito adquirida, tem sido utilizado, entre nós, como esquema negocial atípico [...]". Disponível em: http://www.fd.unl.pt/Anexos/Investigacao/4520.pdf. Acesso em 18 set. 2016.
[20] CRUZ, Andre Luiz Santa. **Direito empresarial esquematizado**. 1 ed. São Paulo: Editora Método, 2011, p. 451.

Orlando Gomes[21], Arnold Wald[22], Fran Martins[23], Maria Helena Diniz[24] e José Damasceno Sampaio[25], ao tratarem da matéria, utilizam os termos "agência" e "representação comercial" como sinônimas.

Pontes de Miranda, por outro lado, estabelece que o agente, rigorosamente, não medeia, nem intermedeia, nem comissiona, nem representa: promove conclusões de contrato, sendo, portanto, figura distinta do representante comercial.[26]

Silvio Venosa, na mesma linha de Pontes de Miranda, distingue as funções do representante comercial das funções do agente: segundo o doutrinador, enquanto o representante comercial realiza conclusão dos negócios, o agente apenas exerce a promoção, sem qualquer obrigação de concluí-lo:

---

[21] Orlando Gomes intitula o capítulo correspondente de sua obra como "contrato de agência *ou* representação comercial". É nítido o entendimento do autor de que se tratam da mesma figura contratual, quanto este menciona que "a autonomia do contrato de agência, agenciamento *ou* representação está reconhecida em algumas legislações".
(GOMES, Orlando. **Contratos**. 20 ed. Rio de Janeiro: Editora Forense, 2000, p. 365).

[22] Arnold Wald também trata os contratos de representação comercial e agência como figuras jurídicas semelhantes, ao estabelecer que "contrato de agência *ou* representação comercial é aquele pelo qual uma pessoa jurídica ou física, sem relação de dependência, se obriga a realizar negócios por conta de outra, em zona determinada, e mediante retribuição".
(WALD, Arnold. **Obrigações e contratos**. 10 ed. São Paulo: Revista dos Tribunais, 2000, p. 503).

[23] De acordo com Fran Martins: "O contrato de representação comercial é também chamado contrato de *agência*, donde *representante* e *agente comercial* terem o mesmo significado".
(MARTINS, Fran. **Contratos e obrigações comerciais**. 15 ed. Rio de Janeiro: Editora Forense, 2001, p. 269).

[24] Nesse mesmo sentido, Maria Helena Diniz não apresenta distinções no conceito de agência e representação comercial: "A agência *ou* representação comercial vem a ser o contrato pelo qual uma pessoa se obriga, mediante retribuição, a realizar certos negócios, em zona determinada, com caráter de habitualidade, em favor e por conta de outrem, sem subordinação hierárquica".
(DINIZ, Maria Helena. **Direito civil brasileiro**: teoria das obrigações contratuais e extracontratuais. 17 ed. São Paulo: Editora Saraiva, 2002, p. 366).

[25] José Damasceno Sampaio também não distingue a representação comercial de agência, usando as terminologias como semelhantes, *in verbis*: "Pelo contrato de agência ou representação comercial, uma pessoa (física ou jurídica) assume, em caráter não eventual e sem vínculos de dependência, a obrigação de promover, à conta de outra, mediante retribuição, a realização de certos negócios, em zona determinada".
(SAMPAIO, José Damasceno. **O representante comercial autônomo**. 2 ed. São Paulo: LTr, 2013, p. 18).

[26] MIRANDA, Pontes de. **Tratado de direito privado**. 3 ed. Rio de Janeiro: Borsoi, 1972. 60v, p. 24.

> [...] tendo em vista a natureza diversa dos dois contratos, ao menos em nosso sistema, não há razão para identificar a representação autônoma com a agência. Ambos os negócios devem ser tratados como contratos distintos. O representante comercial é mais do que um agente, porque seus poderes são mais extensos. O agente prepara o negócio em favor do agenciado, não o conclui necessariamente. O representante deve concluí-lo. Essa é sua atribuição precípua. Não é necessário que o agente seja qualificado como comerciante. A agência pode ter natureza civil. O representante, por via da própria orientação legal, será sempre comerciante[27].

Araken de Assis, de acordo com o entendimento de Pontes de Miranda e Silvio Venosa, afirma que o agente não é mediador, eis que não aproxima os futuros contratantes, nem representante comercial, porque não conclui o negócio para o representado[28], distinguindo, portanto, ambas as figuras.

J.A. Penalva dos Santos também reconhece que a agência e a representação são figuras distintas – não obstante, entende que a agência está inserida entre os elementos constitutivos do contrato de representação comercial, concluindo coexistirem a agência como contrato autônomo e a agência como parte do contrato de representação comercial. Nas palavras do autor:

> Ao contrário do que muitos pensam, o contrato de agência não se confunde com a representação comercial regulada pela Lei 4.886/1965, com alteração pela Lei 8.420/1992 – ambas ainda em vigor – embora, como já o dissemos, entre as funções do representante comercial se encontre a de empreender atividades de agenciamento de clientela.
>
> Entre as funções previstas no art. 1º da Lei 4.886/65 encontram-se as seguintes: a) a mediação para a realização de negócios mercantis; b) o agenciamento de propostas ou pedidos, para transmiti-los aos representados; c) a prática de atos relacionados com a execução dos negócios; e d) no parágrafo único do art. 1º, o exercício de poderes

---

[27] VENOSA, Sílvio de Salvo. **Direito civil:** contratos em espécie. 13 ed. São Paulo: Editora Atlas, 2013, p. 560.

[28] ASSIS, Araken de. **Contratos nominados.** 2 ed. São Paulo: Editora Revista dos Tribunais, 2009, p. 211.

atinentes ao mandato, aos quais se aplicam as normas atinentes ao instituto[29].

Rubens Requião, quando da elaboração do projeto ao Código Civil de 2002, defendeu que a representação comercial e a agência fossem tratadas como figuras distintas[30], porém, a opinião do autor não foi acolhida pelo art. 710 do referido diploma legal.

A jurisprudência também não é pacífica sobre o assunto. O Tribunal de Justiça do Rio Grande do Sul, por exemplo, em 1990, já afirmou não haver diferença entre os contratos de representação comercial e de agência[31]. Após a promulgação do Código Civil de 2002, o mesmo Tribunal de Justiça do Rio Grande do Sul tratou essas figuras jurídicas como distintas, em decisão proferida em 2014[32].

Para fins da presente obra, trataremos a representação comercial e a agência como figuras jurídicas distintas, pelas razões expostas abaixo:

---

[29] SANTOS, J.A. Penalva. **Os contratos mercantis à luz do Código Civil**. 1 ed. São Paulo: Malheiros Editores, 2006, p. 97.

[30] Sobre a representação comercial e a agência, Rubens Requião opina que: "Melhor teria sido se a lei houvesse adotado distinção entre as duas figuras, de modo que, na prática cotidiana do comércio, pudesse perceber-se logo à primeira vista, pelo simples enunciado da denominação, se estaria ou não o sujeito investido de poderes para concluir negócios. O agente comercial seria, dessa forma, o simples agenciador de propostas ou pedidos para transmiti-los ao representado, ao passo que o representante comercial seria quem praticasse atos relacionados com a execução dos negócios, para usar-se da mesma terminologia do art. 1º da Lei n.º 4.886. O sistema legal ora adotado em nosso país impede, a não ser completado por construção doutrinária, que se institua a distinção cuja utilidade e excelência aqui se defendem [...]." (REQUIÃO, Rubens Edmundo. **Do representante comercial:** comentários à Lei n.º 4886, de 9 de dezembro de 1965, à Lei n.º 8420, de 8 de maio de 1992, e ao Código Civil de 2002. 9 ed. Rio de Janeiro: Editora Forense, 2008, p. 49).

[31] No ano de 1990, foi proferida a seguinte decisão pelo Tribunal de Justiça do Rio Grande do Sul, no sentido de não haver distinção entre a representação comercial e a agência: "Representação Comercial. Contrato de Agência. Na legislação brasileira, não há necessariamente diferença entre contrato de representação comercial e de agência [...]" (RIO GRANDE DO SUL. Tribunal de Justiça. 1ª Câmara Cível. Apelação n.º 590044616. Relator: Des. Tupinambá Miguel Castro do Nascimento. Não-Me-Toque, 14/08/1990).

[32] Apelação cível. Tributário. Ação declaratória. Interesse de agir. ISS. Enquadramento. Contrato de representação comercial, não de agência. Procedência.
(RIO GRANDE DO SUL. Tribunal de Justiça. 22ª Câmara Cível. Apelação n.º 70061465704. Relatora: Des. Marilene Bonzanini. Santa Maria, 03/10/2014).

(i) Obrigação de resultado x obrigação de meio

Primeiramente, podemos diferenciar o representante comercial do agente no tocante às obrigações que estes assumem perante, respectivamente, o representado e o preponente.

O representante comercial tem necessariamente obrigação de resultado perante o representado, ou seja, não basta apenas realizar a promoção e as atividades de negociação - o negócio precisa ser necessariamente concluído e, em regra, os valores pagos pelos clientes, para que o representante comercial tenha direito às comissões, conforme artigo 32 da LRC[33]. Esse entendimento também já foi proferido pelo Superior Tribunal de Justiça ("STJ")[34].

Por sua vez, o agente, em regra, possui obrigação de meio. Isto porque enquanto o conteúdo da obrigação de resultado é o resultado em si mesmo, o conteúdo da obrigação de meio é a atividade do devedor[35] que, no caso, é o agente. Nesse sentido, a função do agente é apenas promover os negócios do preponente junto aos clientes, e nada além disso. O Tribunal de Justiça de São Paulo também já manifestou entendimento nesse sentido[36].

---

[33] Para comentários sobre a remuneração do representante comercial, ver Capítulo Sétimo abaixo.

[34] [A representação comercial] trata-se de uma obrigação de resultado, não bastando a simples negociação, sem sua finalização, para fins de aquisição do direito à comissão. Tanto é assim que este somente surge quando da atividade do representante resultar utilidade para o representado. Se, por exemplo, o negócio não é concluído por insolvência do terceiro, nenhuma retribuição é devida ao representante pela intermediação frustrada.
(BRASIL. Superior Tribunal de Justiça. 4ª Turma. Recurso Especial n.º 1126832/RN. Relator: Min. Raul Araújo. Brasília, 07/11/2013).

[35] FILHO, Sergio Cavalieri. **Programa de responsabilidade civil**. 8 ed. São Paulo: Editora Atlas, 2008, p. 346.

[36] PRESTAÇÃO DE SERVIÇOS EXCLUSIVOS DE AGENCIAMENTO ARTÍSTICO. OBRIGAÇÃO DE MEIO. CONJUNTO PROBATÓRIO QUE DEMONSTRA QUE O AGENTE ENVIDOU ESFORÇOS EM PROMOVER A CARREIRA DA AGENCIADA. AÇÃO IMPROCEDENTE. RECURSO DESPROVIDO.
O contrato de agenciamento artístico envolve obrigação de meio - promover a figura do agenciado - e não de resultado, não podendo o contratado ser responsabilizado pelo eventual insucesso do artista, salvo se comprovada negligência ou imperícia. Exegese dos arts. 710 e 712 do Código Civil em vigor. Restando demonstrado que o agente envidou esforços em promover a carreira do contratante, mediante colocação de outdoors, envio de releases, encartes, gravações de CDs, promoção de shows e eventos, e inclusive pagamento de cirurgias

Na maioria das vezes os honorários acordados com o agente são fixos, recebendo este os valores que lhe são devidos independentemente do negócio ser concluído. Pode o agente ter obrigação de resultado, se assim for pactuado contratualmente - o que não é a regra. Nesse caso, o agente tem remuneração variável, com base nos negócios promovidos e concluídos, que pode ser em conjunto ou não com a remuneração fixa.

(ii) Limites de atuação

Uma outra diferença que merece destaque diz respeito aos poderes que são conferidos ao representante comercial e ao agente, respectivamente, pelo representado e pelo preponente, no que concerne às atividades que aqueles irão desempenhar. Ou seja, a diferença também reside nos limites de atuação do representante e do agente.

O representante comercial tem poderes mais amplos do que o agente, na medida em que o representante recolhe os pedidos e/ou propostas junto aos clientes e o aceite perante o representado, enquanto o agente atua apenas na promoção de produtos e/ou serviços, não fazendo a intermediação direta junto aos clientes e ao preponente com relação aos pedidos e/ou propostas, tampouco obtendo o aceite junto ao representado.

Dessa forma, assim como Pontes de Miranda, Silvio Venosa e Araken de Assis, a autora entende que o representante comercial e o agente são figuras distintas. Não obstante, a conclusão de negócios não seria o elemento diferenciador de ambos, uma vez que o representante, em regra, assim como o agente, não conclui o negócio, salvo se poderes específicos lhes forem conferidos para tanto, pelo representado ou pelo preponente, conforme o caso, de acordo, respectivamente, com o art. 1º, parágrafo único, da LRC, e art. 710, parágrafo único, do Código Civil.

No âmbito da representação comercial, a conclusão do negócio é realizada, em regra, pelo próprio representado. No caso de uma compra e venda, por exemplo, mediante o acordo do objeto e preço a compra e venda

---

plásticas, tem-se por afastada a alegação de desídia, mormente quando comprovado que o artista é que deixou de comparecer aos eventos (shows) e reuniões previamente agendados. (SÃO PAULO. Tribunal de Justiça. 35ª Câmara de Direito Privado. Apelação com Revisão n.º 0224644-10.2006.8.26.0100. Relator: Des. Clóvis Castelo. São Paulo, 04/07/2011).

é concluída.[37] Quem faz o aceite da proposta, via de regra, nos termos do art. 33 da LRC é o representado. Portanto, ele conclui o negócio, como também pode rejeitá-lo.

Tem-se, assim, que o representante comercial é, na verdade, um "intermediador comercial". Em uma linguagem mais técnica, o profissional só irá "representar" o contratante ou representado, se poderes específicos lhe forem outorgados para tanto - nesse caso, teremos a "intermediação comercial" com poderes de mandato, conforme previsto no art. 1º, parágrafo único, da LRC. Em outras palavras: a representação.

Dessa forma, o representante comercial, em regra, não representa o representado - de acordo com a própria definição da LRC, o profissional atua "por conta de uma ou mais pessoas". O nome mais apropriado para essa figura jurídica é "intermediador comercial". Isto porque, de acordo com o Código Civil, a representação é um elemento essencial do mandato, conforme elucidado abaixo:

> **A representação como elemento essencial do mandato.** [...] [o mandato é] uma relação contratual mediante a qual uma das partes (o mandatário) se obriga a praticar, em nome e por conta da outra parte (mandante), um ou mais atos jurídicos. [...] Contudo, segundo estabelece o CC, para que o mandatário possa efetivamente desempenhar suas funções, que se projetam para fora da relação contratual, existe a necessidade de a ele ser conferido, pelo mandante, poderes de representação. Só assim estará caracterizado o contrato de mandato. Da expressão "em seu nome" constante no dispositivo em tela [art. 653 CC], decorre o mecanismo de representação, ou seja, a atuação do mandatário em nome do mandante. Deste modo, o mandatário, ao contratar com terceiros, vincula diretamente o mandante como se ele próprio tivesse praticado o ato. Tem-se, assim,

---

[37] Bem Móvel. Ação declaratória. A compra e venda é contrato que se aperfeiçoa somente pelo consenso quanto ao preço e objeto, não depende que as partes cumpram suas obrigações de entrega da coisa e pagamento do preço. Na compra e venda de bens móveis a propriedade é adquirida com a mera tradição do veículo, ainda que não registrada a transferência na repartição de trânsito, e ainda que não pago o valor do preço. Recurso não provido.
(SÃO PAULO. Tribunal de Justiça. 25ª Câmara de Direito Privado. Apelação com Revisão n.º 9109556-71.2006.8.26.0000. Relator: Des. Antônio Benedito Ribeiro Pinto. São Paulo, 21/09/2011).

para alguns autores, que o mandato é uma espécie de representação voluntária, em que o representante (mandatário) atua em nome do representado (mandante).

No ordenamento brasileiro, alguns autores vislumbram a possibilidade de mandato sem poderes de representação [...], invocando, para tanto, o art. 1307 do CC1916, que corresponde basicamente ao atual art. 663. Partem do pressuposto de que a representação não constitui elemento essencial do mandato, tal como ocorria no direito romano [...]. [Nesse caso], o mandatário, embora agisse no interesse do mandante, praticava atos em seu nome, obrigando-se a si mesmo [...].

Contudo, no direito brasileiro, em que o legislador inseriu a representação como elemento essencial ao mandato, a atuação do mandatário em seu próprio nome desnaturaria o mandato.[38]

O agente, nesse diapasão, fomenta o negócio do agenciado, mas não o representa, nem recolhe pedidos. O mesmo dizemos a respeito dos agentes de seguros, de aplicações financeiras e de atividades artísticas[39]. Dessa forma, a autora entende que aos agentes não são conferidas as formalidades e prerrogativas estabelecidas pela LRC, tais como necessidade de registro perante os Conselhos Regionais competentes (vide Capítulo Quarto abaixo) e, em regra, as indenizações especificadas em lei (vide Capítulo Nono abaixo).

(iii) LRC x Código Civil

Insta salientar, ainda, que a representação comercial é disciplinada pelas normas cogentes constantes da LRC, as quais foram elaboradas em um cenário social protecionista, sendo de natureza mercantil. De outro lado, a agência é regulada substancialmente pelas normas dispositivas do Código Civil, sob princípios da função social e equidade, sendo de natureza civil.

---

[38] BARBOZA, Heloisa Helena; MORAES, Maria Celina Bodin; TEPEDINO, Gustavo. **Código civil interpretado:** conforme a constituição da república. 2 ed. Vol. II. Rio de Janeiro: Renovar, 2006, p. 418-420.

[39] VENOSA, Silvio de Salvo. **Direito civil:** contratos em espécie. 13 ed. São Paulo: Editora Atlas, 2013, p. 559.

Nesse panorama, entende a autora que o Código Civil aplica-se substancialmente à agência, e a LRC substancialmente à representação comercial, com fulcro no art. 2º, § 2º, do Decreto-Lei n.º 4657, de 4 de setembro de 1942 (Lei de Introdução às Normas do Direito Brasileiro - "LINDB"), o qual prevê que a lei nova, que estabelece disposições gerais ou especiais a par das já existentes, não revoga nem modifica a lei anterior.

Ainda, o art. 2º, § 1º da LINDB prevê que a lei posterior revoga a anterior quando expressamente o declare, quando seja com ela incompatível ou quando regule inteiramente a matéria de que tratava a lei anterior. No caso, o Código Civil (i) não revogou a LRC - ao contrário, estabeleceu no art. 721 que aplicam-se ao contrato de agência, no que couber, as regras dispostas em lei especial; e (ii) não é incompatível e não regula inteiramente a matéria da LRC, em especial porque o agente e o representante comercial se tratam de figuras jurídicas distintas.

Assim, não há antinomia[40] entre as normas, uma vez que não há conflitos entre estas, e sim, ambas se complementam mutuamente. Com relação à representação comercial, sendo a LRC omissa, aplicam-se subsidiariamente às regras do Código Civil. Da mesma forma, no que concerne à agência, sendo o Código Civil omisso, aplicam-se no que couber, as normas de lei especial, mandato e comissão, à luz do art. 721 do Código Civil.

3.2 Representação comercial e distribuição

A palavra "distribuição" é comumente utilizada em diversos sentidos, merecendo-se destaque para o seu sentido mais amplo, em que é utilizada para fazer referência genérica à disponibilização de produtos no mercado. De acordo com esse sentido amplo, uma determinada empresa, por exemplo, pode "distribuir" produtos diretamente ou por meio de terceiros, tais como representantes comerciais, agentes, franqueados, dentre outros.

Não obstante, há um conceito restrito, que é o disposto no Código Civil. Conforme já disposto no presente Capítulo Terceiro, item 3.1 acima, o Código Civil traz no mesmo Capítulo as normas sobre contratos de agência e de distribuição. De acordo com o art. 710 do Código Civil, o elemento

---

[40] De acordo com Maria Helena Diniz: "Antinomia é a presença de duas normas conflitantes, sem que se possa saber qual delas deverá ser aplicada ao caso singular".
(DINIZ, Maria Helena. **Conflito de normas**. 3 ed. São Paulo: Editora Saraiva, 1998, p.19).

diferenciador de ambos os contratos é a disponibilidade da coisa a ser negociada - dessa forma, se a pessoa apresenta a disponibilidade da coisa que comercializa consigo, será o distribuidor, caso contrário, será o agente.

Com relação à distribuição, há também divergência entre os operadores do direito com relação ao seu conceito.

Para Humberto Theodoro Júnior, por exemplo, agência (ou representação comercial)[41] e distribuição se tratam de uma mesma modalidade contratual, sendo ao distribuidor conferido os poderes de concluir o negócio. Ainda, de acordo com o doutrinador, o distribuidor não faz a revenda de mercadorias, e sim atua como um prestador de serviços, agindo como um depositário de mercadorias do proponente (ou representado):

> Mas, além de falar em "contrato de agência", o Código fala também em "contrato de agência e distribuição". Não são, porém, dois contratos distintos, mas o mesmo contrato de agência no qual se pode atribuir maior ou menor soma de funções ao preposto. [...]
> No teor do art. 710 do CC, a distribuição não é a revenda feita pelo agente. Esse nunca compra a mercadoria do preponente. É ele sempre um prestador de serviços, cuja função econômica e jurídica se localiza no terreno da captação de clientela. A distribuição que eventualmente lhe pode ser delegada ainda faz parte da prestação de serviços. Ele age como depositário apenas da mercadoria do preponente, de maneira que, ao concluir a compra e venda e promover a entrega de produtos ao comprador, não age em nome próprio, mas o faz em nome e por conta da empresa que representa. Em vez de atuar como vendedor, atua como mandatário do vendedor[42].

Na mesma linha, Carlos Roberto Gonçalves opina que os contratos de agência e distribuição não são, a rigor, dois contratos distintos, mas o

---

[41] Por "agência", entenda-se também a representação comercial, uma vez que, para Humberto Theodoro Júnior agência e representação comercial se tratam da mesma modalidade contratual, conforme disposto no item 3.1 acima.
[42] THEODORO Júnior, HUMBERTO. **Do contrato de agência e distribuição no Código Civil.** Disponível em: http://www.egov.ufsc.br/portal/sites/default/files/anexos/8198-8197-1-PB.htm. Acesso em 18 set. 2016.

mesmo contrato de agência, no qual se pode atribuir maior ou menor soma de funções ao preposto[43].

Por outro lado, Silvio Venosa, por exemplo, trata os contratos de representação comercial, agência e distribuição como contratos distintos, com características próprias e peculiares:

> O contrato [de distribuição] recebe influências do contrato de compra e venda, mandato, comissão e fornecimento. Como é pacto de duração, não se pode perfazer com uma única venda, mas pressupõe continuidade de fornecimento de bens ao distribuidor por período mais ou menos longo. Sua natureza, de intermediação de vendas, se amolda melhor ao contrato de representação mercantil do que ao contrato de agência, como acentuamos. Tanto é assim que o art. 721 da lei civil determina que se apliquem subsidiariamente ao contrato de distribuição os princípios do mandato e da comissão. As noções de intermediação e de resultado útil ficam aqui também perfeitamente claras. No mais, todos os dispositivos comentados acerca de agência aplicam-se à distribuição (arts. 710 a 721).

Fábio Ulhoa Coelho, na mesma linha de Silvio Venosa, afirma que a opção do legislador de 2002 de abarcar agência e distribuição em um mesmo capítulo foi "muito infeliz". De acordo com o autor, distribuição é o nome do contrato de colaboração por intermediação, em que a compra e a venda de mercadorias entre contratantes é um ingrediente necessário[44], ao contrário do contrato de agência e de representação comercial.

J.A. Penalva dos Santos também entende que a disponibilidade da coisa a ser negociada nos contratos de distribuição deve ser considerada como verdadeira compra para revenda, e não mero poder físico, enquanto na agência [e na representação comercial] os bens permanecem na esfera de disposição do preponente [ou do representado][45].

---

[43] GONÇALVES, Carlos Roberto. **Direito civil brasileiro:** contratos e atos unilaterais. 6 ed. São Paulo: Editora Saraiva, 2009, p. 440.
[44] COELHO, Fábio Ulhoa. **Curso de direito comercial:** direito de empresa. 13 ed. Vol. 3. São Paulo: Editora Saraiva, 2009, p. 116.
[45] SANTOS, J.A. Penalva. **Os contratos mercantis à luz do Código Civil.** 1 ed. São Paulo: Malheiros Editores, 2006, p. 97-98.

Por fim, cumpre salientar que o art. 36, § 3º, IX, da Lei 12.529 de 30 de novembro de 2011 ("Lei de Defesa da Concorrência"), estabelece que constitui infração à ordem econômica, impor aos distribuidores preços de revenda, descontos, condições de pagamento, quantidades mínimas ou máximas, margem de lucro ou quaisquer outras condições de comercialização relativos a negócios destes com terceiros.

No aspecto prático, é muito comum verificar interesse de fornecedores em de certa forma "controlar" ou vincular os preços dos produtos ou serviços que serão disponibilizados no mercado. Nesse caso, o recomendável é que seja firmado o contrato de representação comercial ou o contrato de agência, uma vez que os preços e as condições de pagamento são determinados, via de regra, pelo representado ou pelo preponente, conforme o caso. Sobre o tema, comenta Chow Schoenbaum:

> As the role of the agent is to find a buyer and not to set the terms of the sale, the agency relationship allows the seller-principal to control the price of the goods and the parties to whom the products are sold. The seller can attempt to limit the powers of the independent distributor by contract but as this will be an attempt to inhibit inherent features of the distributor relationship, the seller may encounter resistance in contract negotiations with the distributor. Local laws may also restrict the ability of the seller to limit the freedom of the distributor[46].

Conforme bem elucidado pelo autor, o papel do representante comercial/agente é prospectar clientes, ao contrário do distribuidor, que realiza as vendas diretamente para os compradores. Fixar os preços para o distri-

---

[46] "Como o papel do agente é encontrar um comprador, e não definir as condições da venda, a agência permite que o vendedor/preponente controle o preço das mercadorias e os terceiros a quem os produtos são vendidos. O vendedor pode tentar limitar os poderes do distribuidor independente por contrato, mas como isso será uma tentativa de inibir as características inerentes à distribuição, o vendedor pode encontrar resistência em negociações contratuais com o distribuidor. As leis locais também podem restringir a atuação do vendedor em tentar limitar a liberdade do distribuidor".
(SCHOENBAUM, Chow. **International business transactions**. 2 ed. Nova Iorque: Aspen Publishers, 2010, p. 300. Tradução livre).

buidor dificulta a negociação dos contratos e pode ser proibido por determinados países – como é o caso do Brasil, por exemplo.

3.3 Opinião

Para essa autora, tem-se claro que o representante comercial, o agente e o distribuidor se tratam de figuras jurídicas distintas. No quadro sinótico abaixo encontram-se as principais semelhanças e diferenças entre esses três profissionais:

Figura 1

	AGENTE	REPRESENTANTE COMERCIAL	DISTRIBUIDOR
Obrigação de meio	X		
Promoção	X	X	X
Recolhimento de pedidos ou propostas		X	
Dispõe do objeto a ser negociado		(pode ou não dispor)	X
Revenda			X
Conclusão do negócio	(pode ou não concluir)	(pode ou não concluir)	X
Aplicação substancial do Código Civil e subsidiária de lei especial e de regras de mandato e comissão	X		X
Aplicação substancial da LRC e subsidiária do Código Civil		X	

Elaborado pela Autora Set./2016

Tem-se, portanto, que tanto o agente, o representante comercial e o distribuidor atuam na promoção de negócios.

Não obstante, apenas o agente, em regra, tem obrigação de meio, uma vez que sua função é, a princípio, estritamente promover os negócios do proponente junto aos clientes - não há a necessidade de os negócios serem concluídos para que o agente receba seus honorários, salvo se de outra forma estiver previsto no contrato.

Os poderes que lhe são conferidos pelo preponente são mais restritos do que os que poderes que são conferidos para o representante comercial e para o distribuidor, de seus respectivos contratantes, uma vez que o agente não recolhe pedidos e não conclui o negócio, ressalvada a hipótese do art. 710, parágrafo único, do Código Civil, com relação à conclusão do negócio. No que concerne à agência, a aplicação substancial é do Código

Civil, e subsidiária de lei especial e de regras concernentes ao mandato e à comissão.

A autora entende que, caso fosse a intenção do legislador tratar tanto a representação comercial quanto a agência como uma mesma figura jurídica, ele teria feito expressamente essa menção no Código Civil e/ou alterado a LRC para esse fim. Conforme mencionado no item 3.1 acima, Portugal, por exemplo, no próprio preâmbulo do Decreto-Lei n.º 178/86, o qual regula o contrato de agência, clarifica que "contrato de agência" e "contrato de representação comercial" são expressões sinônimas.

Abaixo, verifica-se o esquema simplificado da agência, com as etapas numeradas sequencialmente. A ordem da execução do negócio e respectivos pagamentos dependerá do acordado contratualmente entre as partes.

Figura 2

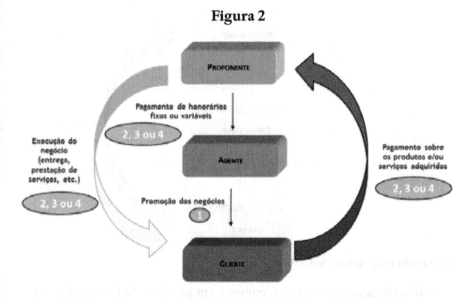

Elaborado pela Autora Set./2016

O representante comercial, por sua vez, tem necessariamente obrigação de resultado, ou seja, os negócios precisam ser concluídos e, em regra, pagos pelos clientes, para que o representante receba as comissões.

Ainda, o representante realiza a efetiva intermediação do negócio, por meio do recolhimento de propostas e/ou pedidos junto aos clientes e obtenção do correspondente aceite junto ao representado, sendo, portanto, seus poderes e atuação mais amplos do que os do agente. Não conclui o negócio, sendo um "intermediador comercial", exceto na hipótese do art. 1º, parágrafo único, da LRC. Pode ou não dispor do objeto a ser negociado, conforme os poderes que lhe forem conferidos pelo representado. A aplicação é substancial da LRC, e subsidiária do Código Civil.

Abaixo, tem-se um esquema simplificado de um modelo usual de representação comercial, em que a conclusão e a execução do negócio são realizadas pelo próprio representado. As etapas estão numeradas sequencialmente. A ordem da execução do negócio e respectivos pagamentos dependerá do acordado contratualmente entre as partes.

Figura 3

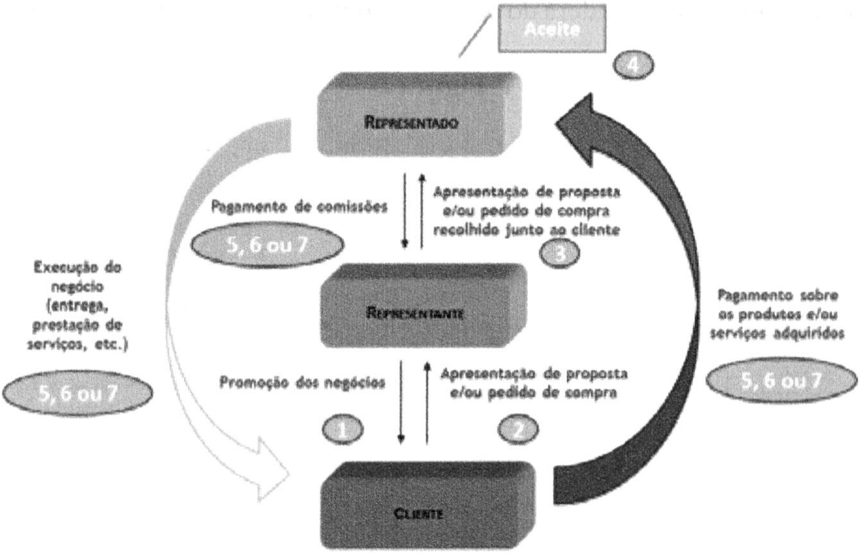

Elaborado pela Autora Set./2016

O distribuidor, por sua vez, compra um produto do fornecedor, para fins de revenda para seus clientes. Dessa forma, o distribuidor é o proprietário do bem que ele próprio irá alienar, o que não acontece no caso da representação comercial. O adquirente [ou distribuidor] compra para revenda: a propriedade transfere-se, inicialmente, do patrimônio do fornecedor para aquele do distribuidor e, posteriormente, para um terceiro, estranho a essa relação[47].

---

[47] FORGIONI, Paula A. **Contrato de distribuição**. 1 ed. São Paulo: Editora Revista dos Tribunais, 2005, p. 63.

O distribuidor, assim, obtém lucro pela diferença entre os preços de compra do fornecedor e de revenda para os clientes, sendo os preços dessa revenda determinados pelo próprio distribuidor, à luz do art. 36, § 3º, IX, da Lei de Defesa da Concorrência. Os poderes do distribuidor sobre o negócio são mais amplos do que os poderes do representante comercial e do agente. Tem-se, assim, que o distribuidor necessariamente conclui o negócio. A aplicação é substancial do Código Civil, e subsidiária de lei especial e de regras atinentes ao mandato e à comissão. O esquema exposto abaixo ilustra essa relação jurídica.

Figura 4

```
      FORNECEDOR
   Venda ↓   ↑ Pagamento
      DISTRIBUIDOR
   Revenda ↓   ↑ Pagamento
       CLIENTE
```

Elaborado pela Autora Set./2016

Assim, têm-se claras as distinções entre os contratos de representação comercial, agência e distribuição, sendo certo que, na opinião da autora, esses contratos, apesar de semelhantes, não se confundem.

Capítulo 4
Registro no Conselho

No âmbito das peculiaridades dos contratos de representação comercial, a primeira formalidade exigida pela LRC é o registro dos representantes junto ao Conselho Regional dos Representantes Autônomos, de acordo com o art. 2º da LRC. Ainda, de acordo com o art. 6º da referida lei, ao Conselho Federal e aos Conselhos Regionais dos Representantes Comerciais incumbirá à fiscalização do exercício da profissão.

O Conselho Federal dos Representantes Comerciais ("Confere") é a entidade máxima que regula e normatiza os Conselhos Regionais. O Confere foi criado no dia 10 de março de 1966, em decorrência de um movimento dos representantes comerciais pelo reconhecimento da profissão[48].

O art. 3º da LRC, por sua vez, elenca os documentos e/ou informações que devem ser apresentados pelo candidato ao registro como representante comercial:

> Art. 3º O candidato a registro, como representante comercial, deverá apresentar:
>
> a) prova de identidade;
> b) prova de quitação com o serviço militar, quando a êle obrigado;

---
[48] Mais informações no site http://www.confere.org.br. Acesso em 18 set. 2016.

c) prova de estar em dia com as exigências da legislação eleitoral;
d) fôlha-corrida de antecedentes, expedida pelos cartórios criminais das comarcas em que o registrado houver sido domiciliado nos últimos dez (10) anos;
e) quitação com o impôsto sindical.

A LRC, dessa forma, regula a representação comercial não só como relação jurídica, mas também como profissão. O registro não sucede à atividade; ao contrário, o registro *antecede* à atividade, e dela constitui elemento de regularidade[49].

Conforme veremos no presente Capítulo, não obstante a obrigatoriedade prevista em lei, a jurisprudência já adotou entendimento que o registro não tem a função constitutiva da representação comercial, sendo uma mera formalidade da categoria.

4.1 Estrangeiros

Com relação ao exercício de atividades profissionais por estrangeiros no território nacional, cumpre trazer à baila o art. 5º, inciso XIII da Constituição Federal de 1988 ("CF"):

> Art. 5º Todos são iguais perante a lei, sem distinção de qualquer natureza, garantindo-se aos brasileiros e aos estrangeiros residentes no País a inviolabilidade do direito à vida, à liberdade, à igualdade, à segurança e à propriedade, nos termos seguintes:
> [...]
> XIII - é livre o exercício de qualquer trabalho, ofício ou profissão, atendidas as qualificações profissionais que a lei estabelecer;

Dessa forma, à luz do art. 5º, XIII, da CF, sendo, em regra, (i) todos iguais perante a lei, incluindo os estrangeiros residentes no país; e sendo (ii) livre o exercício de qualquer trabalho, ofício ou profissão, tem-se, por-

---

[49] REQUIÃO, Rubens Edmundo. **Do representante comercial:** comentários à Lei n.º 4886, de 9 de dezembro de 1965, à Lei n.º 8420, de 8 de maio de 1992, e ao Código Civil de 2002. 9 ed. Rio de Janeiro: Editora Forense, 2008, p. 89.

tanto, que os estrangeiros residentes no Brasil podem exercer a representação comercial em território nacional.

Tendo em vista que o estrangeiro não está submetido ao serviço militar nem à legislação eleitoral, este é dispensado de prova dos documentos referentes à quitação com o serviço militar e de regularidade com à legislação eleitoral, conforme disposto no art. 3º, § 1º, alíneas "b" e "c"da LRC.

4.2 Pessoas jurídicas

No que concerne às pessoas jurídicas, a LRC no seu art. 3º, § 3º, prevê que estas devem fazer prova de sua existência legal.

O art. 45 e o art. 985 do Código Civil estabelecem que a existência legal das pessoas jurídicas de direito privado se inicia com a inscrição do ato constitutivo no respectivo registro. Não obstante, Fabio Ulhoa Coelho, por exemplo, opina que, a rigor, desde o momento em que os sócios passam a atuar em conjunto na exploração da atividade econômica, isto é, desde o *contrato*, ainda que verbal, de formação da sociedade, já se pode considerar existente a pessoa jurídica[50].

Para fins do registro a título de representante comercial, deve-se adotar, no entanto, o conceito trazido pelo Código Civil, tendo em vista que o Confere exige cópia do contrato ou estatuto social e das alterações da sociedade empresária, conforme o caso, bem como cópia do cartão junto ao Cadastro Nacional de Pessoa Jurídica - CNPJ[51].

Assim, as sociedades empresárias que não estiverem devidamente registradas na Junta Comercial não poderão fazer prova de sua existência legal e, por consequência, não poderão, a princípio, obter registro para fins do exercício da representação comercial no Brasil, na qualidade de pessoas jurídicas.

4.3 Registro x elementos fáticos

Conforme já mencionado no presente Capítulo, o registro do profissional junto ao Conselho Regional dos Representantes Autônomos é obrigató-

---

[50] COELHO, Fábio Ulhoa. **Curso de direito comercial:** direito de empresa. 13 ed. Vol. 2. São Paulo: Editora Saraiva, 2009, p. 17.
[51] Vide http://www.confere.org.br/registro.html. Acesso em 18 set. 2016.

rio à luz da LRC. Em razão dessa obrigatoriedade estabelecida pela lei, surgem dois questionamentos entre os operadores do direito e os profissionais dessa categoria:

(i) Estando presentes todos os requisitos atinentes à representação comercial, com exceção do registro, pode a relação comercial ser caracterizada como tal, havendo a aplicação de todas as prerrogativas da LRC ao contratado?

(ii) A *"contrario sensu"*, sendo o registro do profissional realizado perante o conselho competente, mas não apresentando a relação jurídica características atinentes à representação comercial, aplicar-se-ão as disposições da LRC?

Para as duas perguntas acima, aplica-se a mesma resposta: deve-se levar em consideração os elementos fáticos, ou seja, as características da relação comercial existente entre as partes, para fins da caracterização ou não da representação comercial.

Dessa forma, uma vez presentes os elementos da representação comercial, tais como mediação, habitualidade, independência, autonomia, dentre outros elencados na LRC, bem como obrigação de resultado e atuação por meio de recolhimento de pedidos e/ou propostas, conforme destacado no Capítulo Terceiro, item 3.1 acima, tem-se a representação comercial, independente da presença do registro e/ou do nome conferido à relação jurídica por meio do instrumento contratual.

O Tribunal Superior do Trabalho ("TST"), por exemplo, já reconheceu relação existente entre as partes como representação comercial, mesmo o contratado não tendo apresentado o registro no conselho competente. Isto porque este tribunal identificou a independência do contratado, que é uma característica da representação comercial, e não de uma relação de emprego, na qual há a subordinação hierárquica[52].

---

[52] RECURSO DE REVISTA. VÍNCULO DE EMPREGO. INOBSERVÂNCIA DOS REQUISITOS DO ART. 3º DA CLT. REPRESENTANTE COMERCIAL. AUSÊNCIA DE REGISTRO NO CONSELHO REGIONAL. O Regional procedeu a minucioso exame do acervo fático-probatório produzido nos autos e concluiu pela ausência dos requisitos configuradores do vínculo de emprego relacionados no art. 3º da CLT, notadamente a subordinação, entendendo tratar-se o Autor de representante comercial autônomo da Reclamada. Desse

A *"contrario sensu"*, ausentes as características da representação comercial, ainda que o profissional seja devidamente registrado, a relação jurídica não pode ser caracterizada como tal[53].

O registro, portanto, é uma mera formalidade, não tendo este a função constitutiva da representação comercial. Sobre esse tema, bem elucidou Rubens Requião:

> Por outro lado, o registro não é constitutivo da situação jurídica do representante comercial, mas apenas declaratório. Isso quer dizer que o fato de o indivíduo estar registrado não prova ser ele efetivamente representante comercial. É necessário que desempenhe a profissão, nos moldes regulados pela lei. O fato de um contrato designar alguém como representante comercial, e que esse alguém

---

modo, a ausência de registro no Conselho Regional dos Representantes Comerciais - CORE, conquanto obrigatória para fins de regularização da atividade de representação comercial (art. 2º da Lei nº 4.886/65), acarreta ao infrator dessa determinação tão somente a submissão às penalidades previstas na referida Lei, não tendo o condão, todavia, de tornar inválido o contrato de representação comercial autônomo reconhecido no caso concreto (princípio da primazia da realidade) e, muito menos de ensejar, automaticamente, o reconhecimento de vínculo empregatício à margem da observância dos requisitos estabelecidos no art. 3º da CLT. Precedentes desta Corte. Recurso de Revista conhecido e desprovido.
(BRASIL. Tribunal Superior do Trabalho. 8ª Turma. Recurso de Revista n.º 479900-64.2008.5.09.0016. Relator: Des. Márcio Eurico Vitral Amaro. Brasília, 11/10/2011).
[53] REPRESENTAÇÃO COMERCIAL. REGISTRO. INEXISTÊNCIA. Mesmo que tenha havido, no curso da prestação de serviços, a regularização do registro perante o CORE da pessoa jurídica titularizada pelo autor, tal fato, por si só, não extingue a relação de emprego, pois a pessoa jurídica existia apenas como fachada para a fraude perpetrada pela reclamada. Deveria ter havido o encerramento formal da relação de emprego e nova contratação da pessoa jurídica, mas não houve solução de continuidade ou alteração das condições de trabalho. É incontroverso que o autor se inseria na atividade-fim da reclamada, pois proporcionava a vendas de seus produtos. A prestação de serviços continuada, por cerca de sete anos, caracteriza a pessoalidade, não tendo sido comprovado que o autor poderia mandar outra pessoa em seu lugar nas visitas. A penalidade prevista no artigo 477, § 8º, da CLT, é devida mesmo na hipótese de reconhecimento de vínculo de emprego, pois as verbas rescisórias não foram pagas no prazo em razão do ato ilícito da reclamada Súmula nº 30, do TRT da 1ª Região.
(RIO DE JANEIRO. Tribunal Regional do Trabalho da 1ª Região. 2ª **Turma**. Recurso Ordinário n.º 0160600-93.2008.5.01.0023. Relatora: Des. Volia Bomfim Cassar. Rio de Janeiro, 06/11/2013).

esteja registrado, não constitui prova plena da existência da relação de representação comercial entre os contratantes[54].

Não obstante o art. 5º da LRC estabelecer que somente será devida remuneração ao representante comercial devidamente registrado, o STJ já manifestou entendimento que essa exigência é descabida para fins de recebimento de remuneração, sendo os arts. 2º e 5º da LRC inconstitucionais, de acordo com o posicionamento do referido órgão julgador[55].

Assim, a ausência do registro pode ser caracterizada como mera irregularidade, não servindo como impeditivo para fins de atuação do profissional como representante comercial.

No caso de ausência do registro, ao profissional podem ser aplicadas sanções na esfera criminal, à luz do art. 47 do Decreto-Lei n.º 3.688, de 3 de outubro de 1941 (Lei de Contravenções Penais)[56].

---

[54] REQUIÃO, Rubens Edmundo. **Do representante comercial:** comentários à Lei n.º 4886, de 9 de dezembro de 1965, à Lei n.º 8420, de 8 de maio de 1992, e ao Código Civil de 2002. 9 ed. Rio de Janeiro: Editora Forense, 2008, p. 89.
[55] REPRESENTAÇÃO COMERCIAL. COBRANÇA DE COMISSÃO POR MEDIADOR NÃO REGISTRADO. ARTS. 2º E 5º DA LEI 4.886/65. PRECEDENTE. RECURSO DESACOLHIDO.
I. Os arts. 2º e 5º da Lei 4.886/65, por incompatíveis com norma constitucional que assegura o livre exercício de qualquer trabalho, ofício ou profissão, não subsistem válidos e dotados de eficácia normativa, sendo de todo descabida a exigência de registro junto a Conselho Regional de Representantes Comerciais para que o mediador de negócios mercantis faça jus ao recebimento de remuneração.
II. Semelhança dos dispositivos legais em comento, havidos por não vigentes, com o art. 7º da Lei 4.116/62 (disciplinadora da profissão de corretor de imóveis) de inconstitucionalidade já proclamada pelo Supremo Tribunal Federal.
(BRASIL. Superior Tribunal de Justiça. 4ª Turma. Recurso Especial n.º 26.388/SP. Relator: Min. Sálvio de Figueiredo. Brasília, 10/08/1993).
[56] Lei de Contravenções Penais, art. 47: "Exercer profissão ou atividade econômica ou anunciar que a exerce, sem preencher as condições a que por lei está subordinado o seu exercício: Pena – prisão simples, de quinze dias a três meses, ou multa, de quinhentos mil réis a cinco contos de réis".

Capítulo 5
Forma

A LRC, em seu art. 27, estabelece cláusulas que necessariamente devem constar na relação jurídica a ser estabelecida entre representante comercial e representado, conforme abaixo:

> Art. 27. Do contrato de representação comercial, além dos elementos comuns, a juízo dos interessados, constarão, obrigatoriamente:
>
> a) condições e requisitos gerais da representação;
> b) indicação genérica ou específica dos produtos ou artigos objeto da representação;
> c) prazo certo ou indeterminado da representação;
> d) indicação da zona ou zonas em que será exercida a representação.
> e) garantia ou não, parcial ou total, ou por certo, prazo, da exclusividade de zona ou setor de zona;
> f) retribuição da época do pagamento, pelo exercício da representação, dependente da efetiva realização dos negócios, e recebimento, ou não, pelo representado, dos valores respectivos;
> g) os casos em que se justifique a restrição de zona concedida com exclusividade;
> h) obrigações e responsabilidades das partes contratantes;
> i) exercício exclusivo ou não da representação a favor do representado;

j) indenização devida ao representante pela rescisão do contrato fora dos casos previstos no art. 35, cujo montante não poderá ser inferior a 1/12 (um doze avos) do total da retribuição auferida durante o tempo em que exerceu a representação [...].

Ora, pela leitura do art. 27, *"caput"*, da LRC, tendo em vista que determinados elementos devem constar "obrigatoriamente" no contrato de representação comercial, poderia ser concluído, portanto, que o contrato deve ser firmado necessariamente na forma escrita, de modo que as cláusulas correspondentes sejam necessariamente reduzidas a termo.

Note-se que a redação original do referido art. 27 da Lei 4.886/65, antes da alteração conferida pela Lei 8.420/1992, estabelecia que "do contrato de representação comercial, *quando celebrado por escrito*, além dos elementos comuns, a juízo dos interessados, constarão, obrigatoriamente [...]".

Dessa forma, a redação original do art. 27, antes da alteração da Lei 8.420/1992, claramente considerava as formas verbal e escrita dos contratos de representação comercial. A exclusão da redação "quando celebrado por escrito" abriu margem a questionamentos pelos operadores do direito, se a alteração conferida pela Lei 8.420/1992 sugeriria que os contratos de representação comercial fossem firmados tão somente por escrito, sendo vedada a sua celebração na forma verbal.

Não obstante, muito embora a nova redação do art. 27 da LRC conferida pela Lei 8.420/1992 enumerar os elementos obrigatórios que o contrato de representação comercial deve dispor, não há dispositivo legal, tampouco entendimento jurisprudencial, que determine a obrigatoriedade da forma escrita, tampouco que vede o ajuste na forma verbal dos contratos de representação comercial.

Silvio Venosa reconhece expressamente a possibilidade da celebração dos contratos de representação comercial na forma verbal, conforme disposto a seguir:

> Ora, se a lei coloca elementos obrigatórios no contrato escrito, poder-se-ia concluir que, em sua falta, o contrato é nulo, o que não é verdadeiro. A própria lei se encarrega de disciplinar a relação jurídica na falta dos elementos descritos. Ademais, seria ilógico e injusto entender a relação negocial como nula apenas porque ausente um

dos requisitos ditos obrigatórios, mormente levando-se em conta que o negócio pode ser concluído verbalmente[57].

Nesse sentido, a jurisprudência também reconhece como válidos os contratos de representação comercial firmados na forma verbal[58].

No âmbito prático, a representação comercial é comumente firmada verbalmente – muitas vezes, há apenas esparsos documentos e/ou troca de correspondências por correio ou na forma eletrônica entre as partes, o que dificulta a reconstrução de cláusulas contratuais e aumenta os riscos de questionamentos sobre o que foi efetivamente acordado entre as partes.

Por essa razão, o recomendável é que o contrato de representação comercial seja formalizado por escrito. Nesse caso, é importante atentar para as cláusulas acima consideradas "obrigatórias" no âmbito do contrato de representação comercial, de acordo com o art. 27 da LRC.

Não obstante, cumpre ressaltar que as partes são livres para negociar outras condições, além das elencadas no art. 27 da LRC, tais como propriedade intelectual, confidencialidade, legislação e jurisdição aplicáveis – o que poderiam ser consideradas como os "elementos comuns, a juízo dos interessados", nos termos do referido dispositivo legal.

Por fim, no que concerne à propriedade intelectual, para fins de evitar quaisquer questionamentos e/ou litígios com relação ao uso de nomes, marcas e/ou quaisquer sinais distintivos pelo representante comercial, é reco-

---

[57] VENOSA, Sílvio de Salvo. **Direito civil:** contratos em espécie. 13 ed. São Paulo: Editora Atlas, 2013, p. 562.

[58] Recurso Especial - Ação de indenização por danos morais e materiais - Ato ilícito - Descumprimento de contrato verbal de representação comercial - Competência - Foro do lugar do cumprimento da obrigação - Prevalência da regra contida no art. 100, iv, "d", do código de processo civil - Recurso especial provido.
(BRASIL. Superior Tribunal de Justiça. 4ª Turma. Recurso Especial n.º 864844 / BA. Relator: Min. Massami Uyeda. Brasília, 06/11/2007).
COMERCIAL. REPRESENTAÇÃO COMERCIAL. PEDIDO DE VENDA. RECUSA VERBAL. INTELIGÊNCIA DO ART. 33 DA LEI Nº 4.886/65.
Comporta temperamento a regra contida no art. 33 da Lei nº 4.886/65 que determina que a recusa de pedido do representante comercial formulado ao seu representado deve ser feita por escrito. Hipótese em que o contrato foi rotulado pelas instâncias ordinárias de "sui generis", pois as relações entre representante e representado eram quase verbais, inclusive o próprio contrato. Validade da recusa verbal, pelas peculiaridades da espécie. Recurso não conhecido.
(BRASIL. Superior Tribunal de Justiça. 4ª Turma. Recurso Especial n.º 92.286/PR. Relator: Min. Cesar Asfor Rocha. Brasília, 29/10/1998).

mendável que o contrato preveja expressamente os limites de atuação do profissional com relação à utilização correspondente. Informações sobre jurisdição e legislação aplicável estão previstas no Capítulo Décimo abaixo.

Capítulo 6
Exclusividade

A exclusividade nas relações comerciais surgiu em decorrência das transformações econômicas e sociais impostas ao mercado, servindo de instrumento gerador de eficiência econômica da corrente de distribuição e produção de serviços e/ou produtos[59].

No âmbito dos contratos de representação comercial, a exclusividade é prevista no art. 31 da LRC, conforme abaixo transcrito:

> Art. 31. Prevendo o contrato de representação a exclusividade de zona ou zonas, ou quando este for omisso, fará jus o representante à comissão pelos negócios aí realizados, ainda que diretamente pelo representado ou por intermédio de terceiros.
>
> Parágrafo único. A exclusividade de representação não se presume na ausência de ajustes expressos.

O art. 31 da LRC, portanto, prevê expressamente duas situações com relação à exclusividade (i) exclusividade de zona ou território de atuação, no *"caput"*; e (ii) exclusividade no que concerne à atividade de representação, conforme parágrafo único.

---

[59] SIQUEIRA, Tânia Bahia Carvalho. A cláusula de exclusividade nos contratos empresariais. In: **Revista de direito privado.** Vol. 13. DTR\2003\82. Editora Revista dos Tribunais, 2003, p. 263.

6.1 Exclusividade de zona ou território

Conforme transcrito no Capítulo Quinto acima, o art. 27, alínea "d", da LRC, estabelece que deverão constar nos contratos de representação comercial a zona ou zonas em que a representação comercial será realizada. Já a alínea "g", do mesmo artigo, prevê que os contratos devem estabelecer os casos em que se justifique a restrição de zona concedida com exclusividade.

Não obstante o referido art. 27 dispor como obrigatória a previsão ou não de exclusividade no contrato de representação comercial, a omissão com relação à zona de atuação do representante não significa que o contrato será nulo. Primeiramente, porque são admitidos contratos de representação comercial na forma verbal, conforme exposto no Capítulo Quinto acima. Ademais, o art. 31, *"caput"*, da LRC, transcrito no início do presente Capítulo, estabelece que, na falta de previsão, o território designado para representação comercial será exclusivo.

Dessa forma, à luz do art. 31, *"caput"*, da LRC, tem-se a presunção de exclusividade com relação à zona ou ao território de atuação do representante comercial. Isso porque prevendo o contrato a exclusividade, ou sendo este "omisso", ao representante serão devidas as comissões pelas vendas realizadas diretamente pelo representado ou por terceiros[60].

Andre Luiz Santa Cruz explica a importância da exclusividade de zona ou território para o representante comercial no âmbito de sua relação jurídica com o representado, para fins, principalmente, de retorno dos investimentos realizados pelo representante:

> Essa cláusula [de exclusividade] é deveras importante nos contratos de colaboração, notadamente no de representação, uma vez que visa assegurar ao colaborador (no caso, o *representante*) o retorno dos investimentos que ele fez para iniciar a colaboração (pesquisa de mercado, formação de estoque, campanhas publicitárias, etc.). Assim, fica o colaborador (no caso, o *representado*) obrigado a não

---

[60] Nos contratos de agência e distribuição também há a presunção de exclusividade com relação ao território aplicável, conforme art. 711, 1ª parte, do Código Civil, o qual estabelece que salvo ajuste, o proponente não pode constituir, ao mesmo tempo, mais de um agente, na mesma zona, com idêntica incumbência.

comercializar seus produtos na região do representante diretamente nem por meio de outro representante. Afinal, se isto fosse possível, o representante comercial que fez todo o trabalho de abertura daquele mercado referente à sua zona de exclusividade sofreria prejuízos consideráveis, uma vez que teve gastos para promover o produto. Assim, jamais conseguiria o representante praticar preços compatíveis, já que necessita embutir seus gastos nos preços. Portanto, a cláusula de exclusividade de zona é, em síntese, o segredo, no mais das vezes, para o sucesso de um contrato de colaboração [...].

Em suma: **a cláusula de exclusividade de zona, nos contratos de representação, é implícita**[61].

Para fins exemplificativos da aplicação do disposto no *"caput"* do art. 31 da LRC, se uma cláusula contratual estabelecer que "o representante comercial irá atuar no Estado de Manaus", e em nenhuma outra disposição fizer referência à exclusividade, depreender-se-á que a este profissional é conferida exclusividade para o Estado de Manaus. Isto porque sendo o contrato silente, será considerada a exclusividade sobre a zona ou território de atuação do representante.

Não obstante, caso o contrato de representação comercial (i) seja firmado entre partes brasileiras; (ii) tenha o seu objeto realizado no Brasil; e (iii) seja silente com relação à zona de atuação do representante comercial, para essa autora, a princípio, considerar-se-á exclusiva a representação comercial em todo o território brasileiro.

Por fim, é altamente recomendável estabelecer contratualmente se a exclusividade abarca ou não vendas pela Internet e por telefone, para fins de evitar litígios entre representado e representante. Exemplificando, se ao representante é conferida exclusividade no Estado do Rio de Janeiro, por exemplo, e um cliente localizado em Niterói realiza a compra de um produto por meio de um website operado pelo representado, tem-se, a princípio, a violação da exclusividade territorial conferida ao representante.

---

[61] CRUZ, Andre Luiz Santa. **Direito empresarial esquematizado**. 1 ed. São Paulo: Editora Método, 2011. p. 454.

6.1.1 Contratos verbais

Conforme exposto no Capítulo Quinto acima, os contratos de representação comercial podem ser pactuados nas formas escrita ou verbal.

Com relação à exclusividade de zona, tem-se que, na omissão do contrato, a designação do território será considerada exclusiva ao representante. Nesse sentido, como devem ser considerados e interpretados os contratos de representação comercial firmados verbalmente pelas partes?

Ao tratar-se de contrato firmado verbalmente pelas partes, considera-se a comprovação das cláusulas acordadas por todos os meios admitidos, em consonância com o art. 212 do Código Civil[62]. Dessa forma, não há exigência que a formalização da cláusula de exclusividade ocorra necessariamente por escrito.

Nesse sentido, fundamenta Rubens Requião que, nos contratos de representação comercial firmados verbalmente, a cláusula de exclusividade não é presumida, tal como ocorre nos contratos celebrados por escrito:

> A Lei nº 4.886/65 determina que o contrato de representação comercial, e, por isso, os contratos de agência e distribuição, deve ser celebrado por escrito. Não declara, no entanto, nulo o contrato verbal. Ao contrário, o protege. Por isso, a exclusividade, que não é presumida no contrato de representação comercial verbal (o é apenas no contrato de representação comercial escrito, omisso quanto à exclusividade e também no contrato de agência e distribuição, verbal ou escrito), pode ser estabelecida, de modo explícito, em favor do representante comercial por qualquer meio indelével[63].

O STJ, nessa mesma linha, já adotou entendimento que, em contratos verbais, a exclusividade deve ser provada por testemunhas ou outros meios aceitos em juízo, não havendo a presunção pura e simples[64].

---

[62] Art. 212, do Código Civil: "Salvo o negócio a que se impõe forma especial, o fato jurídico pode ser provado mediante: I- confissão; II- documento; III- testemunha; IV- presunção; V- perícia".

[63] REQUIÃO, Rubens Edmundo. **Nova regulamentação da representação comercial autônoma.** 3 ed. São Paulo: Editora Saraiva, 2007.

[64] PROCESSUAL CIVIL E COMERCIAL. RECURSO ESPECIAL. CONTRATO DE REPRESENTAÇÃO. EMBARGOS DECLARATÓRIOS. OMISSÃO. INOCORRÊNCIA. RESCISÃO

6.1.2 Redução da zona ou área de atuação do representante

O representado não poderá reduzir a zona de atuação do representante comercial, seja por meio da diminuição da extensão territorial em si, ou pela revogação de uma exclusividade eventualmente concedida, de forma a prejudicar os resultados auferidos pelo referido profissional.

Isto porque o art. 32, § 7°, da LRC, estabelece que são vedadas na representação comercial alterações que impliquem, direta ou indiretamente, a diminuição da média dos resultados auferidos pelo representante nos últimos seis meses de vigência do contrato[65].

IMOTIVADA. EXCLUSIVIDADE. CONTRATO VERBAL. POSSIBILIDADE. INTERPRETAÇÃO DE CLÁUSULAS CONTRATUAIS E REEXAME DE PROVA.
1. Inocorrência de maltrato ao art. 535 do CPC quando o acórdão recorrido, ainda que de forma sucinta, aprecia com clareza as questões essenciais ao julgamento da lide. Ademais, o magistrado não está obrigado a rebater, um a um, os argumentos deduzidos pelas partes.
2. Possibilidade da demonstração da existência de cláusula de exclusividade mesmo em contratos de representação firmados verbalmente, admitindo-se a respectiva prova por todos os meios em direito admitidos. Aplicação do art. 212 do CC/02 c/c os arts. 400 e segs. do CPC. Doutrina e jurisprudência desta Corte acerca do tema.
3. Estabelecida, no caso concreto, pelo acórdão recorrido a premissa de que o ajuste de representação comercial vigorava com cláusula de exclusividade, confirmada por prova testemunhal, inarredável a conclusão de que houve rescisão imotivada do contrato, pela contratação de novo representante para atuar na mesma zona anteriormente conduzida pela recorrida.
4. Inviável a análise da pretensão relativa ao afastamento das conclusões acerca da exclusividade da representação, por óbice das Súmulas 5 e 7/STJ.
5. Recurso Especial conhecido, porém, *não* provido.
(BRASIL. Superior Tribunal de Justiça. 3ª Turma. Recurso Especial n.º 846.543/RS. Relator: Min. Paulo de Tarso Sanseverino. Brasília, 05/04/2011).

[65] É importante salientar que no caso de metas de vendas expressamente previstas contratualmente, há entendimento jurisprudencial no sentido que o seu descumprimento pelo representante é motivo de rescisão por justa causa pelo representado, conforme julgado abaixo. Para mais comentários sobre metas de vendas, ver item 11.1.
Civil e comercial. Contrato de distribuição e representação comercial. Rescisão imotivada. Inocorrência. Não cumprimento de metas. Distrato consensual. Ato ilícito. Não verificação. Indenização por danos morais e materiais. Descabimento. Indenização pelo pagamento das verbas trabalhistas. Não cabimento. Cláusula expressa de exclusão. Cobranças das comissões e seus reflexos. Não comprovação. Improcedência do pedido. Sentença mantida. I - nos contratos de distribuição e de representação comercial em que são estipuladas metas mensais, constitui encargo da parte contratada observar essas exigências livremente acordadas, sob pena de rescisão motivada da avença. II - havendo demonstração de que não foram cumpridas as exigências do contrato, com desempenho de metas inferiores ao esperado para o período de apuração, constitui causa apta a justificar a rescisão do contrato, o que afasta a alegação de

Assim, no caso de redução territorial ou revogação de exclusividade o representante terá o direito de rescindir o contrato por justa causa, de receber a diferença dos resultados e as indenizações conferidas pela LRC, conforme entendimento da jurisprudência[66] - exceto nos casos em que haja

resilição imotivada e unilateral, principalmente quando das provas que instruem a pretensão indenizatória consta que as partes, em razão desse desempenho, formalizaram distrato nos mesmos moldes do contrato principal, com observância do disposto no art. 472 do código civil. III - fundando-se o pedido de indenização por danos morais e materiais na alegação de que o contrato de distribuição e de representação foi rescindindo unilateralmente e sem motivo, a demonstração de que houve distrato formal entre as partes, motivado pelo baixo desempenho no cumprimento das cláusulas contratuais, afasta a alegação de ilícito civil capaz de ensejar o dever de indenizar por danos morais. IV - consistindo os danos materiais nas verbas previstas no contrato em caso de rescisão unilateral e imotivada, a formalização de distrato entre as partes afasta o dever de pagamento desses valores, porquanto insubsistente a alegação de que a rescisão pegou a parte contratada de surpresa. V - havendo cláusula expressa de que os encargos trabalhistas são de responsabilidade exclusiva do distribuidor e representante, mormente por inexistir qualquer vínculo de ordem laboral entre a parte representada e os empregados e prepostos daquele, é improcedente o pedido de ressarcimento dos valores que foram pagos a título de indenização trabalhistas aos empregados dispensados após a rescisão do contrato. VI - apelação cível desprovida.
(DISTRITO FEDERAL. Tribunal de Justiça do Distrito Federal e dos Territórios. 3ª Turma Cível. Apelação n.º 2006 01 1 117141-0. Relatora: Des. Leila Arlanch. Brasília, 11/04/2012).
[66] REPRESENTAÇÃO COMERCIAL. Regência da Lei 4.886/65, com as alterações da Lei 8.420/92. Contrato por prazo indeterminado. Paulatina redução da zona de atuação da autora (inobservância do art. 32, § 7º), até minar-lhe gradativamente a remuneração, segundo apuração pericial. Situação autorizadora de rescisão unilateral do ajuste (art. 36, a). Autora com direito às comissões decorrentes de vendas realizadas a empresas dentro da zona geográfica abrangida pelo contrato, ainda que operacionalizadas pela ré (art. 31). Indenização àquela devida (art. 27, j), por todo o período laboral, indemonstrada escusativa de responsabilidade da ré (Lei supra, art. 35 e CPC, art. 333). Recurso provido em parte, nos termos do acórdão, mantida a sucumbência (CPC, art. 21, par. único).
(SÃO PAULO. Tribunal de Justiça. 22ª Câmara de Direito Privado. Apelação n.º 009429-42.2003.8.26.0533. Relator: Des. Fernandes Lobo. São Paulo: 29/01/2015).
Ação de cobrança c/c indenizatória. Rescisão de contrato de representação comercial. Contrato por prazo indeterminado (art. 27, § 2º, Lei nº 4.886/65). Redução de mais de 50% das municipalidades constantes da zona de representação comercial. Medida que importa na diminuição dos resultados auferidos pelo representante. Impossibilidade (art. 32, § 7º, Lei nº 4.886/69). Redução da esfera de atividade do representante que autoriza a rescisão contratual por justa causa do representado (art. 36, caput e 'a', Lei nº 4.886/69). Incidência do artigo 27, 'j' da Lei nº 4.886/65. Indenização arbitrada em 1/12 da somatória das comissões percebidas. Pedido de condenação da apelada de comissões por vendas efetuadas em sua zona. Vendas efetivadas em área fora da zona de representação. Não incidência do art. 31 da Lei nº 4.886/69. Pedido de condenação da apelada no reembolso de alugueres e consumo de energia elétri-

o ferimento do princípio da boa-fé objetiva pelo representante comercial, conforme elucidado no Capítulo Oitavo abaixo.

Tem-se, portanto, no art. 31, *"caput"*, da LRC, mais um dos mecanismos de proteção ao representante comercial, de forma a proporcionar a este profissional segurança no que concerne à manutenção de seus resultados, bem como no que diz respeito à realização de suas atividades na zona inicialmente pactuada entre as partes.

6.2 Exclusividade da atividade de representação

O exercício exclusivo ou não da atividade de representação comercial a favor do representado deve ser previsto contratualmente, conforme art. 27, alínea "i", da LRC.

Não obstante, assim como se destacou no item 6.1 acima com relação à zona, a omissão no que concerne à exclusividade ou não da atividade de representação comercial não quer dizer que o contrato será nulo, tendo em vista que (i) são admitidos contratos de representação comercial na forma verbal, conforme exposto no Capítulo Quinto acima; e (ii) o art. 31, *"caput"*, parágrafo único, da LRC, transcrito no início do presente Capítulo estabelece que, na falta de previsão, a atividade da representação comercial não é exclusiva.

Nesse panorama, tem-se que a exclusividade da atividade de representação comercial não se presume. Dessa forma, se o contrato for silente, o representante poderá exercer atividades para o representado e para terceiros, na área concedida, sem qualquer ônus para o representante ou expectativa de compensação pelo representado. No mesmo sentido, o art. 41 da LRC prevê que, ressalvada expressa vedação contratual, o representante comercial poderá exercer suas atividades para mais de uma empresa e empregá-la em outros misteres ou ramos de negócios[67].

---

ca. Reembolso contratualmente previsto. Ausência de demonstração da concretização das despesas que obsta o reembolso. Danos morais. Ausência de mácula ao nome empresarial da autora. Situação que não produzira nenhuma depreciação da imagem da apelante. Desrespeito à Lei não enseja, em si mesmo, reparação de ordem moral. Recurso provido em parte. (SÃO PAULO. Tribunal de Justiça. 11ª Câmara de Direito Privado. Apelação n.º 3002154-72.2003.8.26.0506. Relator: Des. Rômolo Russo. São Paulo: 23/05/2013).

[67] Em sentido contrário, nos contratos de agência e distribuição há a presunção de exclusividade com relação a essas respectivas atividades. É o que estabelece o art. 711, 2ª parte,

Não obstante, a liberdade conferida ao representante de exercer suas atividades junto a outros representados é limitada pelo Código de Ética e Disciplina dos Representantes Comerciais ("Código de Ética")[68]. O art. 8º, § 3º, "c", do referido Código de Ética, estabelece que é considerada falta grave do representante comercial aceitar a representação comercial de representados concorrentes, salvo quando autorizado por escrito pelo representado. Assim, em regra, o representante não pode exercer suas atividades para concorrentes de seu contratante, salvo se assim for por este expressamente autorizado.

Nesse sentido, sobre o exercício da representação comercial pelo representante aos concorrentes do representado, opina Ghedale Saitovitch que a autorização do representado deve ser concedida por escrito:

> Considerando-se a plena autonomia que, com o correr do tempo foi ficando clara quanto ao trabalho do representante comercial, é natural que este possa exercer sua atividade para outras empresas. O que não pode, nem deve, por ser imoral, é trabalhar para outra empresa do mesmo ramo e com os mesmos produtos, principalmente, sem a concordância da representada mais antiga em relação à outra representada. Mesmo em se obtendo esta concordância, por escrito, não se pode esquecer de informar com clareza a "nova" representada. Todas as partes envolvidas devem estar claramente a par deste incomum fato, e de forma expressa[69].

Assim, por configurar falta grave o exercício da representação comercial a concorrentes do representado, o representante estará sujeito à suspensão do exercício profissional, até um ano, ou cancelamento do registro, com apreensão da carteira profissional, nos termos do art. 9º, 2ª parte, do Código de Ética.

Sob o ponto de vista do representado, não é recomendada a exclusividade na representação, em razão dos conflitos trabalhistas que poderiam surgir, tendo em vista que a exclusividade pode ser um elemento carac-

---

do Código Civil, o qual prevê que, salvo ajuste, não pode o agente ou distribuidor assumir o encargo de tratar na mesma zona negócios do mesmo gênero, à conta de outros proponentes.
[68] Vide http://www.confere.org.br/codigodeetica.html. Acesso em 18 set. 2016.
[69] SAITOVITCH, Ghedale. **Comentários à lei do representante comercial**. 1 ed. Porto Alegre: Livraria do Advogado, 1999, p. 156.

terizador do vínculo empregatício. Segundo os precedentes das nossas Cortes Trabalhistas, o representante comercial poderá ser considerado um empregado, se, dentre outros elementos, também estiver obrigado a prestar serviços exclusivamente para a empresa representada[70].

Desse modo, para o representado não é recomendável estabelecer exclusividade na representação, sendo aconselhável permitir ao representante que possa aceitar outras representações, para mitigar os riscos trabalhistas. Mais comentários sobre a representação comercial e as relações de emprego podem ser verificados no Capítulo Décimo Primeiro abaixo.

6.3 Exclusividade total ou parcial

Ainda, a exclusividade na representação comercial pode ser total ou parcial, com relação, exemplificativamente, ao objeto do negócio, quando atingir ou não a todos os tipos de produtos; a certa área territorial, a clientela, entre outros. Se a exclusividade for total ou parcial, o recomendável é haver previsão expressa no contrato nesse sentido.

A exclusividade parcial ou total também pode estar restrita a determinado espaço de tempo, devendo nessa hipótese estar textualmente prevista. No caso de omissão sobre o aspecto temporal, a exclusividade vigorará durante todo o prazo de vigência do contrato. Sobre esse aspecto, leciona Rubens Requião:

> A cláusula de exclusividade, no contrato de representação comercial ou de agência, durará enquanto durar o contrato. Não tem prazo delimitado, ou estará sujeita à caducidade, decorrido certo

---

[70] REPRESENTAÇÃO COMERCIAL. VÍNCULO EMPREGATÍCIO. Admitida a prestação de serviços, ao empregador incumbe a prova da ausência dos elementos caracterizadores da relação de emprego e, desse encargo, a demandada não se desincumbiu plenamente, na medida em que o conjunto da prova produzida nos autos demonstra a subordinação jurídica, a pessoalidade, a onerosidade e a exclusividade. Restando demonstrada a presença do principal traço caracterizador do vínculo empregatício, nos moldes dos arts. 2º e 3º da CLT, qual seja, a subordinação, reconheço o vínculo de emprego com a cooperativa.
(RIO GRANDE DO SUL. Tribunal Regional do Trabalho da 4ª Região. 2ª Turma. Recurso Ordinário n.º 00002149220125040661 RS 0000214-92.2012.5.04.0661, Relator: Des. Marcelo José Ferlin D. Ambroso. Passo Fundo, 24/06/2014).

tempo. Para que isso aconteça, deverá providenciar o contrato. Não o fazendo, a exclusividade é permanente[71].

Assim, caso não haja previsão no contrato de representação comercial, a exclusividade é conferida ao representante pelo prazo de vigência do instrumento particular correspondente. Caso o contrato preveja que a exclusividade vigora durante um determinado período de tempo, deve-se levar em consideração se, findo o seu prazo, haverá a diminuição dos resultados auferidos pelo representante, a qual é vedada expressamente pelo art. 32, § 7°, da LRC, conforme mencionado no item 6.1.2 acima.

6.4 Penalidades em caso de descumprimento

Na hipótese de exclusividade, seja esta com relação à zona de atuação ou à atividade de representação, tanto o representado quanto o representante podem estar sujeitos à penalidades no caso de seu descumprimento.

Salvo nos casos em que for configurada a violação ao princípio da boa-fé objetiva pelo representado, conforme disposto no Capítulo Oitavo abaixo, se houver violação da exclusividade pelo representado, o representante poderá: (i) rescindir o contrato por justo motivo (art. 36, alínea "b", da LRC) e pleitear a indenização legal do representado, além da comissão pelas vendas realizadas em seu território com inobservância da cláusula de exclusividade (art. 27, alínea "j" ou § 1°, conforme o prazo do contrato, c/c com o art. 31, *"caput"*, da LRC); ou (ii) simplesmente continuar executando o contrato e pleitear as comissões pelas vendas realizadas em seu território com inobservância da cláusula de exclusividade (art. 31, *"caput"*, da LRC).

O representado, da mesma forma, no caso de descumprimento de cláusula de exclusividade pelo representante, poderá rescindir o contrato por justa causa (art. 35, alínea "c", da LRC), tendo direito a ser ressarcido pelas perdas e danos sofridos, podendo reter comissões devidas para tanto (art. 37 da LRC).

---

[71] REQUIÃO, Rubens Edmundo. **Do representante comercial:** comentários à Lei n.º 4886, de 9 de dezembro de 1965, à Lei n.º 8420, de 8 de maio de 1992, e ao Código Civil de 2002. 9 ed. Rio de Janeiro: Editora Forense, 2008, p. 213.

Insta salientar ainda que, caso o representante comercial exerça atividades para concorrentes do representado, tal fato será considerado como infração grave, estando o representante sujeito à suspensão do exercício profissional, até um ano, ou cancelamento do registro, com apreensão da carteira profissional (nos termos do art. 8º, § 3º, alínea "c" c/c com o art. 9º, 2ª parte, do Código de Ética).

Capítulo 7
Remuneração

Dispõe a LRC, em seu art. 32, *"caput"*, que o representante comercial faz jus às comissões quando do pagamento dos pedidos ou propostas pelo cliente ao representado. Desse modo, faz-se necessário que o negócio efetivamente aconteça para que o representante tenha direito à remuneração correspondente. Trata-se, portanto, de obrigação de resultado, não bastando apenas a negociação pelo representante para que haja o direito à comissão.

De acordo com o art. 32, § 1º, os pagamentos devidos pelo representado ao representante deverão ser realizados até o dia 15 do mês subsequente ao da liquidação da fatura, acompanhados das respectivas cópias das notas fiscais. As comissões que forem pagas fora desse prazo deverão ser corrigidas monetariamente, à luz do art. 32, § 2°, da LRC. Se o contrato for omisso, as comissões deverão ser pagas pelo representado mensalmente, em consonância com o art. 33, § 2º, da LRC.

A comissão será devida pelo representado logo que o preço for pago, no todo ou parceladamente, se outra forma não tiver sido pactuada. Se o pagamento for fracionado em prestações, a comissão é devida sobre cada parcela.[72]

---

[72] REQUIÃO, Rubens Edmundo. **Do representante comercial:** comentários à Lei n.º 4886, de 9 de dezembro de 1965, à Lei n.º 8420, de 8 de maio de 1992, e ao Código Civil de 2002. 9 ed. Rio de Janeiro: Editora Forense, 2008, p. 216.

Em relação ao preço do negócio, segundo o art. 29 da LRC, não poderá o representante comercial conceder abatimentos, descontos ou dilações, sem a expressa autorização do representado.

O art. 33, § 1º, da LRC, por sua vez, estabelece que nenhuma retribuição será devida pelo representado ao representante comercial, no caso de (i) insolvência do cliente; (ii) desistência do negócio pelo cliente; ou (iii) sustação da entrega em razão de situação comercial do cliente. O representante, então, corre parcialmente o risco do negócio juntamente com o representado[73].

Ainda, de acordo com o art. 32, § 5º da LRC, em caso de rescisão injusta por parte do representado, ou seja, no caso de rescisão do contrato por fato imputável ao representado, a eventual retribuição pendente, gerada por pedidos em carteira ou em fase de execução e recebimento, terá vencimento na data da rescisão do contrato.

7.1 Prazo para aceitação das propostas

A LRC confere ao representado o direito de aceitar ou não o pedido disponibilizado pelo representante. Se no contrato de representação comercial não estiver previsto o prazo dentro do qual o pedido deva ser aceito ou recusado pelo representado, serão aplicados os prazos previstos no art. 33, *"caput"* da LRC, quais sejam:

(i) quinze dias se o cliente estiver domiciliado na mesma cidade ou "praça";
(ii) trinta dias se o cliente estiver domiciliado em outra cidade do mesmo estado;
(iii) sessenta dias se o cliente estiver domiciliado em outro estado; e
(iv) cento e vinte dias se o cliente estiver domiciliado em outro país.

No caso de silêncio do representado, será presumida a sua aceitação para fins de recebimento pelo representante das comissões devidas.

---

[73] ARAÚJO, Paulo Dóromn Rehder de. Contrato de representação comercial. In: FERNANDES, Wanderley (Coordenador). **Contratos de organização da atividade econômica**. São Paulo: Editora Saraiva, 2011, p. 28.

Se o representado deixar de realizar o negócio, a seu exclusivo critério, findo o prazo para recusa das propostas, as comissões serão devidas ao representante comercial, conforme entendimento firmado pelo STJ[74].

Cumpre destacar que a LRC não estabelece se a recusa das propostas deve ou não ser justificada pelo representado. Não obstante, a opinião da autora é que a recusa deve ser justificada, tendo em vista que os dispositivos do Código Civil referentes à agência e distribuição são aplicáveis subsidiariamente à LRC, os quais estabelecem que (i) o agente ou distribuidor têm direito à remuneração se o proponente cessar o atendimento das propostas ou reduzi-lo tanto que se torne antieconômica a continuação do contrato (art. 715 CC); e (ii) a remuneração será devida ao agente quando o negócio deixar de ser realizado por fato imputável ao proponente (art. 716 CC).

Assim, interpretando-se conjuntamente os dispositivos do Código Civil e da LRC, entende a autora que a recusa da proposta pelo representado deve ser justificada, sob pena de o representado ter de pagar ao representante a comissão pela proposta recusada sem justificativa, sem prejuízo de o representante ter direito a rescindir o contrato por justa causa, sendo-lhe cabíveis as indenizações atribuídas por lei, conforme detalhadas no Capítulo Nono abaixo.

7.2 Impostos integram ou não as comissões?

Uma discussão existente entre os juristas é se os impostos devem ou não integrar a base de cálculo das comissões dos representantes comerciais. Essa discussão tem como base o art. 32, § 4º, da LRC, o qual estabelece que as comissões deverão ser calculadas pelo "valor total das mercadorias".

Se as comissões devem ser calculadas pelo "valor total das mercadorias", conforme disposto no artigo acima, constata-se a necessidade de estabelecer o que compõe este valor total, que é a base de cálculo da comissão.

---

[74] REPRESENTAÇÃO COMERCIAL - DIREITO À COMISSÃO.
O direito à remuneração, no contrato de representação comercial, não deriva apenas do trabalho realizado, mas em virtude de seu resultado útil. Entretanto, se o representado deixar de executar o negócio, já realizado, apenas por conveniência sua, a comissão será devida. Para efeito de ter o representante direito a comissão, equipara-se a realização do negócio o fato de não serem as propostas recusadas nos prazos legalmente previstos - Lei 4886/65 - art. 33. (BRASIL. Superior Tribunal de Justiça. 3ª Turma. Recurso Especial n.º 3012/SP. Relator: Ministro Eduardo Ribeiro. Brasília, 10/09/1990).

De um lado, tem-se o entendimento que o valor total das mercadorias é o preço do produto vendido, dele se destacando outros valores que não o integram, tais como os tributos – em outras palavras, o valor líquido dos produtos ou mercadorias. Esse é o entendimento de Ricardo Saad, conforme abaixo:

> De fato, da nota fiscal de venda, além do valor da mercadoria, que representa apenas um dos seus itens, constam os tributos incidentes sobre a operação (IPI e ICMS), além de frete e seguro, estes quando de responsabilidade do representado. Quer isto dizer que o preço pago pelo comprador é a somatória de todos os valores constantes do documento fiscal, do qual resulta que o valor total das mercadorias e o preço do produto vendido são coisas distintas, tanto que os tributos, frete e seguro são repassados pelo representado à Fazenda Pública, ao transportador e à Companhia de Seguros.
> Em suma, dos valores que integram a nota fiscal somente o relativo ao da mercadoria pertence ao vendedor. Segue-se que tributo não deve ser considerado como parte integrante da base de cálculo da comissão[75].

De outro lado, há o entendimento no sentido de que o valor da mercadoria é aquele constante da nota fiscal, incluindo-se os impostos, frete, seguro, entre outros, conforme defendido por Rubens Requião:

> Um dos deveres do proponente, no contrato de agência, é de pagar a comissão ajustada. A base de cálculo desta é determinada pelo contrato, pois podem existir peculiaridades que exigem tal tipo de manifestação. A liberdade de criar tais fórmulas de cálculo é limitada. A base mínima, segundo o art. 32, § 4º, da Lei n.º 4886, de dezembro de 1965, será sempre o valor total da mercadoria cuja venda ou transferência foi objeto da intermediação processada pelo agente. O art. 714 do Código Civil adota a regra geral citada, ao estabelecer que o agente terá direito à remuneração pelos negócios concluídos dentro de sua zona. Tais negócios terão um valor econômico.

---

[75] SAAD, Ricardo Nacim. **Representação comercial**. 3 ed. São Paulo: Saraiva, 2003, p. 63.

Este valor é o custo a que se obriga o comprador ou o cliente para obter a transferência da propriedade ou titularidade do bem que pretende incorporar em seu patrimônio. Este custo será a base de cálculo da comissão. Desse valor não pode haver deduções ou exclusões de qualquer natureza, sob pena de ofensa ao comando legal[76].

O STJ, em outubro de 2010, manifestou decisão na mesma linha de Rubens Requião, no sentido de os tributos não serem abatidos para fins de cálculo das comissões do representante comercial.[77]

Não obstante, até antes desta decisão, a jurisprudência não era pacífica quanto à questão relativa ao desconto do valor dos tributos do preço dos produtos, para a formação da base de cálculo da comissão do representante.

Alguns tribunais entendiam que somente o Imposto sobre Produtos Industrializados ("IPI") podia ser destacado do valor do produto para fins de cálculo da comissão. Isso porque o valor total da mercadoria não se confundiria com o valor da nota fiscal, no qual se inclui o valor do IPI[78].

---

[76] REQUIÃO, Rubens Edmundo. **Do representante comercial:** comentários à Lei n.º 4886, de 9 de dezembro de 1965, à Lei n.º 8420, de 8 de maio de 1992, e ao Código Civil de 2002. 9 ed. Rio de Janeiro: Editora Forense, 2008, p. 225.

[77] COMERCIAL. REPRESENTAÇÃO COMERCIAL. COMISSÃO. LEI Nº 8.420/1992, ART. 32, § 4º. BASE DE CÁLCULO. IPI. INCLUSÃO. PREÇO FINAL DO PRODUTO.
1 - Nos termos do artigo 32, § 4º, da Lei nº 8.420, de 8 de maio de 1992, que introduziu modificações na Lei n. 4.886, de 9 de dezembro de 1965, diploma que regula as atividades dos representantes comerciais autônomos, *"as comissões deverão ser calculadas pelo valor total das mercadorias"*.
2 - A melhor interpretação a ser conferida ao aludido dispositivo é no sentido de que a comissão deve ser calculada com base no preço da mercadoria no momento da venda intermediada pelo representante, o que corresponde ao valor total do produto até essa fase da comercialização.
3 - Sendo o IPI imposto indireto, assim como outros tributos que integram a composição do preço da mercadoria na saída do estabelecimento industrial e comportam repasse pela sociedade empresária industrial representada aos adquirentes, não poderá ser abatido da base de cálculo da respectiva comissão devida ao representante comercial que intermediou a operação mercantil.
4 - Recurso especial a que se nega provimento.
(BRASIL. Superior Tribunal de Justiça. 4ª Turma. Recurso Especial n.º 756.115/MG. Relator: Ministro Raul Araújo. Brasília, 05/10/2010).

[78] APELAÇÃO CÍVEL. AÇÃO DE COBRANÇA. REPRESENTAÇÃO COMERCIAL. COMISSÕES. IPI. QUITAÇÃO. Caso em que o contrato de representação comercial firmado entre as partes, expressamente previa que não seria incluído no valor total das vendas realizadas pelo representante, para calcular as comissões devidas, a parte referente ao IPI. Ademais, como o

Havia ainda entendimento jurisprudencial (minoritário) no sentido de possibilitar pacto de exclusão do Imposto sobre Operações relativas à Circulação de Mercadorias e sobre Prestações de Serviços ("ICMS"), Programa de Integração Social ("PIS") e Contribuição para Financiamento da Seguridade Social ("COFINS") da base de cálculo da comissão.[79]

Quando o desconto era somente do valor relativo ao IPI, ressalte-se que grande parte da jurisprudência entendia ser possível. Entretanto, se houvesse o desconto do ICMS, PIS e COFINS, então era recomendável especificá-los no texto da cláusula do contrato de representação comercial, pois as decisões que admitiam referidos descontos o faziam porque as partes pactuaram por escrito no contrato.

Destaque-se que mesmo havendo acordo escrito no contrato permitindo o desconto do ICMS, PIS e COFINS, parte da jurisprudência não aceitava essa prática pelo representado, e havia decisões no sentido que o representante tem direito à diferença entre o valor da comissão paga com os descontos do ICMS, PIS e COFINS, e o valor que teria direito sem os descontos dos referidos impostos. Assim, se houvesse o desconto do ICMS, PIS e COFINS sem previsão expressa no contrato, o representante sempre teria direito à diferença de comissão. Todavia, se houvesse cláusula contratual permitindo o desconto dos impostos, especificando-os, então o representante poderia ou não ter direito à diferença de comissão, dependendo do entendimento das cortes onde a ação estivesse sendo julgada.

Não obstante, a partir da decisão proferida pelo STJ, todos os tributos devem ser considerados para fins de cálculo da comissão - caso contrário, o representante terá o direito às diferenças correspondentes, ainda que o contrato preveja de forma diversa.

---

imposto não faz parte do valor do produto, aí já incluído seu custo de produção e o lucro do empresário, servindo este como base de cálculo para aquele, não se mostra crível que seja considerado para apurar a comissão do representante comercial. Por fim, a parte autora, quando da rescisão da avença, deu plena quitação da indenização a que fazia jus. Recurso improvido. (RIO GRANDE DO SUL. Tribunal de Justiça. 16ª Câmara Cível. Apelação n.º 70025789058. Relatora: Desembargadora Ana Maria Nedel Scalzilli. Porto Alegre, 13/11/2008).

[79] Representação Comercial - Comissão - Percentual estipulado sobre o valor líquido da venda, excluídos os encargos tributários - Admissibilidade - Inteligência do art. 32, § 4º da Lei 4.886/65, alterada pela Lei 8.420/92 - Apelação improvida.
(SÃO PAULO. Tribunal de Justiça. 2ª Câmara. Apelação n.º 9055199-54.2000.8.26.0000. Relator: Desembargador Luiz Sabbato. São Paulo, 30/01/2001).

7.3 Cláusula *"del credere"*

O art. 43 da LRC veda expressamente a inclusão de cláusulas *"del credere"* nos contratos de representação comercial. Essa é mais uma das proteções conferidas pela LRC ao representante comercial, tendo em vista que, se os clientes não cumprirem com suas obrigações, o prejuízo será arcado pelo representado, e não pelo representante[80].

Dessa forma, é nula a cláusula constante no contrato de representação comercial que estabelece, por exemplo, que é obrigação do representante pagar pelos clientes os valores referentes à aquisição de determinados produtos ou serviços, tendo em vista que a LRC, de natureza pública, prevalece sobre disposição contratual.

Sobre a inclusão de cláusulas *"del credere"* nos contratos de representação comercial, comenta Ghedale Saitovitch sobre a sua proibição:

> [...] a natureza jurídica da cláusula *'del credere'* não se enquadra na característica laboral do representante comercial. Essa cláusula representa ou fiança ou uma espécie de seguro exigida pela representada. Em ambos os casos, somente o representante é prejudicado. Não é possível com a simples comissão para a venda, sem que, para tanto, venha a se operar um substancial aumento desta, pretender-se que o representante assuma todo o risco pelo valor da venda. Não pode tornar-se o único responsável pela concretização do final do negócio; não pode ser o único responsável pela forma como o comprador irá proceder dentro de 30 ou 60 dias; trata-se de um ônus incompatível com o desenvolvimento de sua profissão. Através do próprio art. 1º, verifica-se que a função do representante comercial é a de mediação para agenciar propostas ou pedidos, e não para garanti-los. Também através dos arts. 29 e 30 fica clara sua função de mediador entre cliente e representada, jamais de garantidor.

---

[80] Por outro lado, o Código Civil, em seu art. 698, permite a inclusão de cláusula *"del credere"* nos contratos de comissão, conforme a seguinte redação: "Se do contrato de comissão constar a cláusula *'del credere'*, responderá o comissário solidariamente com as pessoas com que houver tratado em nome do comitente, caso em que, salvo estipulação em contrário, o comissário tem direito a remuneração mais elevada, para compensar o ônus assumido".

Há algumas empresas que ainda não assimilaram esse artigo e agem de forma totalmente contrária. Devem dar-se conta de estar procedendo de maneira não só abusiva, mas ilegal[81].

Note-se que a expressa vedação legal da inclusão de cláusula *"del credere"* em contratos de representação comercial foi uma inovação trazida pela Lei 8.420/92 para a Lei 4.886/65. Dessa forma, o STJ já manifestou entendimento que, para contratos firmados anteriormente à Lei 8420/92, a cláusula *"del credere"* é válida, em razão do princípio *"tempus regit actum"*[82]. De acordo com esse princípio, os atos são válidos se praticados na conformidade da lei vigente à época de sua consumação[83].

Não obstante, se o contrato de representação comercial for de alguma forma alterado após a publicação da Lei n.º 8420/92, a cláusula *"del credere"* será considerada nula a partir da data da referida alteração contratual, não impactando os negócios posteriores à alteração em questão, conforme entendimento de Rubens Requião[84].

---

[81] SAITOVITCH, Ghedale. **Comentários à lei do representante comercial.** 1 ed. Porto Alegre: Livraria do Advogado, 1999, p. 162.

[82] Contrato de representação comercial. Princípio *tempus regit actum*. Indenização. Cláusula *del credere*. Honorários.
1. Assinado o contrato sob regime legal que autorizava a cláusula *del credere* e indicava um piso para o pagamento da indenização, não pode a lei posterior alcançá-lo para afastar a referida cláusula e impor um piso maior, sob pena de violência ao princípio *tempus regit actum*.
2. Identificado pelo Acórdão recorrido a sucumbência recíproca, aplica-se o art. 21 do Código de Processo Civil.
3. Recurso especial não conhecido.
(BRASIL. Superior Tribunal de Justiça. 3ª Turma. Recurso Especial n.º 242.324/SP. Relator: Ministro Carlos Alberto Menezes Direito. Brasília, 07/12/2000).

[83] BARROSO, Luís Roberto. Disposições constitucionais transitórias (natureza, eficácia e espécies). In: **Doutrinas essenciais de direito constitucional.** Vol 1. DTR\2012\993. Editora Revista dos Tribunais, 2011, p. 489.

[84] REQUIÃO, Rubens Edmundo. **Do representante comercial:** comentários à Lei n.º 4886, de 9 de dezembro de 1965, à Lei n.º 8420, de 8 de maio de 1992, e ao Código Civil de 2002. 9 ed. Rio de Janeiro: Editora Forense, 2008, p. 293.

Capítulo 8
A Boa-Fé Objetiva e as Alterações no Contrato de Representação Comercial

Quando da formulação de consultas jurídicas pelo representante e/ou pelo representado sobre o instituto da representação comercial no Brasil, bem como na hipótese da vontade das partes em elaborarem um aditivo ao contrato de representação comercial, por exemplo, é importante que os procuradores correspondentes orientem sobre a disposição do "famoso" art. 32, § 7º da LRC, à luz do caso concreto.

De acordo com o referido art. 32, § 7º da LRC, são vedadas na representação comercial alterações que impliquem, direta ou indiretamente, a diminuição da média dos resultados auferidos pelo representante nos últimos seis meses de vigência. O art. 32, § 7º da LRC, de cunho protecionista ao representante, visa resguardar o profissional de alterações que possam ter impactos negativos nos resultados que são frutos do exercício de suas atividades.

Não obstante a hipossuficiência do representante comercial em face do representado, bem como o fato de a LRC ser considerada de ordem pública, verifica-se a aplicação pela jurisprudência do princípio da boa-fé como limitador do exercício dos direitos do representante comercial, em especial quando se trata da incidência do art. 32, § 7º da LRC.

A expressão "boa-fé objetiva", no âmbito do direito obrigacional, se traduz no dever de agir das partes pautado por certos valores significativos, tais como a probidade, a lealdade, a cooperação e a consideração aos interesses alheios legítimos.

Por essa razão, quando do exercício de determinado direito, devem ser observadas não apenas as disposições contratuais, mas também o princípio da boa-fé objetiva, previsto nos arts. 113[85] e 422[86] do Código Civil, que apresenta notável conteúdo ético e moral, exigindo das partes a adoção de um comportamento de acordo com um padrão de lealdade e confiança.

Franz Wieacker[87] identificou três funções essenciais da boa-fé, que foram recepcionadas pela doutrina pátria, quais sejam, (i) hermenêutico-integrativa, na medida em que é aplicada como regra de interpretação dos negócios jurídicos, inclusive nos casos de lacuna contratual; (ii) criadora de deveres jurídicos, atuando a boa-fé como cláusula contratual implícita, fonte de direitos e obrigações; e (iii) limitadora ao exercício de direitos, tendo em vista que pode impor restrições ao exercício de direitos subjetivos.

No presente Capítulo é feita a análise da jurisprudência civil/comercial pátria no que concerne à aplicação do princípio da boa-fé objetiva e de suas vertentes *"supressio"* e *"venire contra factum proprium"* no âmbito das alterações nos contratos de representação comercial, sendo estes aplicados pelos tribunais como limitadores ao exercício de direitos dos representantes comerciais.

A *"supressio"*, ou *"Verwikung"*, que tem origem no direito comercial alemão, consiste no não exercício do direito por uma parte durante um lapso de tempo, gerando a expectativa na outra parte de que tal direito não será mais exercido – como nos casos em que o representante comercial não se opõe as alterações realizadas no curso da relação durante um tempo considerável, ainda que o contrato disponha em contrário, sejam tais alterações no que concerne a comissões pagas a menor, supressão da exclusividade e/ou alteração de território, por exemplo. Dessa forma, o lapso de tempo

---

[85] Art. 113, Código Civil: "Os negócios jurídicos devem ser interpretados conforme a boa-fé e os usos do lugar de sua celebração".
[86] Art. 422, Código Civil: "Os contratantes são obrigados a guardar, assim na conclusão do contrato, como em sua execução, os princípios de probidade e boa-fé".
[87] WIEACKER, Franz. **El principio general de la buena fe**. Tradução de José Luis Carro. Madrid: Civitas, 1982, p. 50 e ss.

pode acarretar a perda de um direito mesmo antes da expiração do prazo prescricional correspondente[88].

Já o *"venire contra factum proprium"* consiste na vedação ao comportamento contraditório – no âmbito da representação comercial, os tribunais têm aplicado esse princípio para negar provimento aos pleitos realizados pelo representante comercial de valores e/ou obrigações que já foram por este quitados em instrumento correspondente, desde que referido instrumento tenha sido firmado sem vício de consentimento. Nesse sentido, cumpre trazer à baila os comentários de Nelson Nery Júnior e Rosa Maria Andrade Nery:

> A cláusula geral de boa-fé objetiva obriga as partes a não agirem em contradição com atos e comportamentos anteriores, praticados antes da conclusão do contrato, durante a execução ou depois de exaurido o objeto do contrato. Em outras palavras, a parte não pode *venire contra factum proprium*. A proibição incide objetiva e unilateralmente, independentemente do comportamento ou da atitude da contraparte, porque é dever de conduta de cada um dos contratantes isoladamente considerado [...].[89]

Por fim, cumpre ressaltar que a análise da jurisprudência a seguir foi feita em caráter não exaustivo, tendo como objetivo ser uma referência do posicionamento de determinados tribunais do país com relação à aplicação do princípio da boa-fé objetiva e de suas vertentes *"supressio"* e *"venire contra factum proprium"* como limitadores ao exercício dos direitos do representante comercial, quando da introdução de alterações na relação jurídica originalmente pactuada.

8.1.1 Comissões pagas a menor

Conforme mencionado acima, de acordo com o art. 32, § 7º da LRC, são vedadas na representação comercial alterações que impliquem, direta ou

---

[88] WHITTAKER, Simon; ZIMMERMANN Reinhard. **Good faith in european contract law**. Cambridge: Press Syndicate of the University of Cambridge, 2000, p. 25.
[89] JÚNIOR, Nelson Nery; NERY, Rosa Maria Andrade. **Código civil comentado**. 6 ed. São Paulo: Editora Revista dos Tribunais, n.º 17, 2008.

indiretamente, a diminuição da média dos resultados auferidos pelo representante nos últimos seis meses de vigência.

Não obstante, o STJ já manifestou entendimento no sentido que, caso haja comissões pagas a menor durante toda a vigência da relação jurídica, sem a objeção do representante comercial, será considerada a anuência tácita do representante com relação a esses valores pagos a menor, sendo o princípio da boa-fé objetiva aplicado para limitar o exercício dos direitos conferidos ao representante comercial pelo referido art. 32, § 7º da LRC.

No âmbito do Recurso Especial n.º 1162985/RS[90] julgado pelo STJ as partes celebraram um contrato cuja remuneração do representante correspondia ao equivalente a 4% sobre o valor das vendas. Contudo, desde o primeiro mês de vigência até sua denúncia, que ocorreu dois anos após a assinatura, o representante recebeu apenas o equivalente a 2,5% sobre

---

[90] CIVIL E PROCESSO CIVIL. RECURSO ESPECIAL. AÇÃO DE COBRANÇA. AÇÃO DE CONSIGNAÇÃO EM PAGAMENTO. REPRESENTAÇÃO COMERCIAL. REDUÇÃO PERCENTUAL. ANUÊNCIA TÁCITA DO REPRESENTANTE. COMISSÃO. INCIDÊNCIA. BASE DE CÁLCULO. TRIBUTOS. PREÇO DA MERCADORIA.
1. Discussão sobre a possibilidade de alteração em contrato de representação comercial, que implique redução da remuneração do representante, quando há sua anuência tácita.
2. Diante das peculiaridades da hipótese, verifica-se que não houve uma redução da comissão da representante, em relação à média dos resultados auferidos nos últimos seis meses de vigência do contrato, o que, de fato, seria proibido nos termos do art. 32, §7º, da Lei 4.886/65. Desde o início da relação contratual, a comissão foi paga no patamar de 2,5%, o que leva à conclusão de que a cláusula que previu o pagamento da comissão de 4%, na realidade, nunca chegou a viger.
3. O princípio da boa-fé objetiva torna inviável a pretensão da recorrente, de exigir retroativamente valores a título da diferença, que sempre foram dispensados, frustrando uma expectativa legítima, construída e mantida ao longo de toda a relação contratual pela recorrida.
4. Discussão acerca da inclusão do valor dos tributos na base de cálculo da comissão do representante comercial.
5. A lei não faz distinção, para os fins de cálculo da comissão do representante, entre o preço líquido da mercadoria - excluídos os tributos -, e aquele pelo qual a mercadoria é efetivamente vendida e que consta na nota fiscal.
6. O preço constante na nota fiscal é o que melhor reflete o resultado obtido pelas partes (representante e representado), sendo justo que sobre ele se apoie o cálculo da comissão. Precedentes.
7. Recurso especial de ILHÉUS COMÉRCIO E REPRESENTAÇÕES LTDA. desprovido.
8. Recurso especial de SHERWIN WILLIAMS DO BRASIL INDÚSTRIA E COMÉRCIO LTDA conhecido em parte e, nesta parte, desprovido.
(BRASIL. Superior Tribunal de Justiça. 3ª Turma. Recurso Especial n.º 1162985/RS. Relatora: Min. Nancy Andrighi. Brasília, 18/06/2013).

o valor das vendas, invocando este, judicialmente, a violação do referido art. 32, § 7º da LRC pelo representado.

Não obstante o prazo prescricional de cinco anos previsto no art. 44, parágrafo único da LRC, para o representante pleitear a retribuição que lhe é devida e os demais direitos garantidos pela LRC, o STJ entendeu que (i) não houve alterações dos resultados recebidos pelo representante, uma vez que a cláusula contratual estabelecendo a comissão equivalente a 4% nunca chegou a viger; e que (ii) houve a aceitação tácita pelo representante do percentual equivalente a 2,5% das comissões sobre as vendas, tendo em vista que este nunca se manifestou contrário a esse percentual durante a vigência da relação jurídica. Nas palavras da Relatora Ministra Nancy Andrighi:

> A boa-fé objetiva induz deveres acessórios de conduta, impondo às partes comportamentos obrigatórios implicitamente contidos em todos os contratos, a serem observados para que se concretizem as justas expectativas oriundas da própria celebração e execução da avença, mantendo-se o equilíbrio da relação.
>
> Essas regras de conduta não se orientam exclusivamente ao cumprimento da obrigação, permeando toda a relação contratual, de modo a viabilizar a satisfação dos interesses globais envolvidos no negócio, sempre tendo em vista a plena realização da sua finalidade social.
>
> Dessarte, o princípio da boa-fé objetiva exerce três funções: (i) instrumento hermenêutico; (ii) fonte de direitos e deveres jurídicos; e (iii) limite ao exercício de direitos subjetivos. A esta última função aplica-se a teoria do adimplemento substancial das obrigações e a teoria dos atos próprios, como meio de rever a amplitude e o alcance dos deveres contratuais, daí derivando os seguintes institutos: tu quoque, venire contra factum proprium, surrectio e supressio.
>
> Para o deslinde da presente controvérsia interessa apenas a supressio, que indica a possibilidade de se considerar suprimida determinada obrigação contratual na hipótese em que o não exercício do direito correspondente, pelo credor, gerar ao devedor a legítima expectativa de que esse não exercício se prorrogará no tempo.
>
> Em outras palavras, haverá redução do conteúdo obrigacional pela inércia qualificada de uma das partes, ao longo da execução

do contrato, em exercer direito ou faculdade, criando para a outra a sensação válida e plausível – a ser apurada casuisticamente – de ter havido a renúncia àquela prerrogativa.

Na hipótese específica dos autos, a recorrente desde o início da relação contratual – é importante que se frise essa particularidade, haja vista o disposto no art. 32, §7º, da Lei 4.886/65, que veda a alteração contratual prejudicial ao representante comercial – abriu mão do recebimento da comissão no percentual de 4% sobre o valor das vendas, despertando na recorrida, ao longo de toda a relação negocial, a justa expectativa de que o valor acordado era de fato os 2,5% que sempre foram pagos; e de que a diferença não seria exigida posteriormente.

Diante desse panorama, o princípio da boa-fé objetiva torna inviável a pretensão da recorrente, de exigir retroativamente valores a título da diferença, que sempre foram dispensados, frustrando uma expectativa legítima, construída e mantida ao longo de toda a relação contratual pela recorrida.

Ausente, por conseguinte, a alegada violação do art. 32, §7º, da Lei 4.886/65.

Verifica-se no julgado em referência o princípio da boa-fé objetiva sendo utilizado como limitador do direito do representante comercial, na medida em que a Relatora faz alusão ao instituto do *"supressio"*, em razão da omissão do representante em manifestar seu direito durante um determinado período de tempo, o que resultou na interpretação jurisprudencial da aceitação tácita pelo representante do percentual da comissão pago pelo representado.

O Tribunal de Justiça do Paraná, na Apelação Cível n.º 1.246.854-9[91] e na Apelação Cível n.º 4871029[92] manifestou o mesmo entendimento do STJ com relação à aplicação da *"supressio"* nos casos de comissões pagas a menor pelo representado ao representante durante um determinado período de tempo, sem a reclamação do representante nesse sentido. O mesmo entendimento foi também adotado pelo Tribunal de Justiça do

---

[91] EMENTA CIVIL. APELAÇÃO CÍVEL. REPRESENTAÇÃO COMERCIAL. AÇÃO DE COBRANÇA. RESCISÃO IMOTIVADA E UNILATERAL PELA REPRESENTADA. APELAÇÃO CÍVEL (1). INTERPOSIÇÃO PELA AUTORA/REPRESENTANTE. RESCISÃO CONTRATUAL. DIFERENÇAS DE COMISSÕES. COBRANÇA RETROATIVA. INADMISSIBILIDADE. INCIDÊNCIA DO INSTITUTO DA SUPRESSIO. RENÚNCIA TÁCITA AO DIREITO. PRINCÍPIO DA BOA-FÉ OBJETIVA. ARTS. 113 E 422 DO CC. COMISSÕES PENDENTES. PROVA. INEXISTÊNCIA. DESCABIMENTO. ART. 32, § 5.º, DA LEI DA REPRESENTAÇÃO COMERCIAL.
1. A conduta desidiosa do representante comercial, que durante dez anos de relação jurídica com a ré nunca se insurgiu quanto à forma de pagamento das comissões, enseja a aplicação do instituto da supressio, segundo o qual o prolongado não exercício de um direito pelo credor, a ponto de criar no devedor a crença de que não será exercitado, gera a supressão desse direito e inviabiliza a sua exigência retroativa, por contrariar o princípio da boa fé, que deve permear todos os negócios jurídicos, nos termos do disposto nos arts. 113 e 422 do Código Civil. Documento assinado digitalmente, conforme MP n.° 2.200-2/2001, Lei n.° 11.419/2006 e Resolução n.° 09/2008, do TJPR/OE O documento pode ser acessado no endereço eletrônico http://www.tjpr.jus.br Página 2 de 10 Estado do Paraná 2 2. Não há que se falar em pagamento, na rescisão do contrato de representação comercial, de "retribuições pendentes", previstas no art. 32, § 5.º da Lei 4.886/65, quando não demonstrada a existência de supostos pedidos de fornecimento em aberto na data da rescisão. 3. Manutenção da sentença e da distribuição do ônus da sucumbência. 4. Recurso conhecido e não provido. APELAÇÃO CÍVEL (2). INTERPOSIÇÃO PELA RÉ/REPRESENTADA. RESCISÃO SEM JUSTA CAUSA. VERBAS RESCISÓRIAS. CABIMENTO. ARTS. 27, "J" E 34 DA LEI DE REPRESENTAÇÃO COMERCIAL. 1. Em se tratando de rescisão unilateral e imotivada do contrato de representação comercial, pela representada, cumpre-lhe o pagamento de indenização, ao representante, no correspondente a 1/12 do total das comissões auferidas durante o período da representação, bem como do aviso prévio, no equivalente a 1/3 das comissões recebidas nos três meses anteriores à denúncia do contrato. 2. Manutenção da sentença e da distribuição do ônus da sucumbência. 3. Recurso conhecido e não provido.
(PARANÁ. Tribunal de Justiça. 7ª Câmara Cível. Apelação Cível n.º 1.246.854-9. Relator: Des. Fábio Haick Dalla Vecchia. Curitiba, 11/11/2014).

[92] Apelação Cível - Ação de indenização - Contrato de representação comercial - Prescrição - Ocorrência - Redução do percentual das comissões - Aceitação tácita configurada - Teoria do supressio – Sentença mantida - Recurso desprovido.
(PARANÁ. Tribunal de Justiça. 8ª Câmara Cível. Apelação Cível n.º 4871029. Relatora: Des. Denise Kruger Pereira. Curitiba, 17/09/2009).

Rio Grande do Sul na Apelação Cível n.º 70067225011[93] e na Apelação Cível n.º 70049052277[94].

8.1.2 Supressão da exclusividade e redução da área de atuação

Na mesma linha do disposto no item 8.1.1 acima, o STJ aplicou o princípio da *"supressio"* no caso em que o representante comercial não se manifestou durante o prazo de vigência do contrato com relação à supressão da exclusividade que lhe havia sido concedida e com a redução da sua área de atuação, ainda que o contrato lhe tenha conferido exclusividade e uma área de atuação maior.

---

[93] APELAÇÃO CÍVEL. REPRESENTAÇÃO COMERCIAL. AÇÃO DECLARATÓRIA DE INEXISTÊNCIA DE DÉBITO C/C DECRETAÇÃO DE NULIDADE DE TÍTULO. CAUTELAR INOMINADA DE SUSTAÇÃO DE PROTESTO. AÇÃO INDENIZATÓRIA. AÇÃO DE CONSIGNAÇÃO EM PAGAMENTO. SENTENÇA UNA.
I. Considerando-se que a representante anuiu com a redução dos percentuais inicialmente pactuados a título de comissão, não há falar na condenação da representada ao pagamento da diferença entre o percentual inicialmente pago e aquele repassado após a redução.
II. Demonstrado nos autos que houve desídia da representante e falta de cumprimento de obrigações inerentes ao contrato de representação comercial. Aplicação do art. 35, alíneas a e c. Sentença e sucumbência mantidas.
Negaram provimento ao apelo. Unânime.
(RIO GRANDE DO SUL. Tribunal de Justiça. 16ª Câmara Cível. Apelação Cível n.º 70067225011. Relator: Des. Ergio Roque Menine. Porto Alegre, 25/02/2016).
[94] REPRESENTAÇÃO COMERCIAL. RESCISÃO IMOTIVADA DO CONTRATO. COMISSÕES. DIFERENÇA. ALTERAÇÃO TÁCITA. POSSIBILIDADE. VERBAS INDENIZATÓRIAS. CORREÇÃO MONETÁRIA. Não tendo a representada comprovado justo motivo para a rescisão contratual, ou seja, não comprovou ter a representante incorrido em qualquer das hipóteses previstas no art. 35 da lei 4.886/65, impõe-se reconhecer o direito indenizatório previsto nos arts. 27, j, e 34, ambos da lei n. 4.886/65. Considerando-se que a representante anuiu, ainda que de forma tácita, com a redução do percentual pactuado a título de comissão, impõe-se a improcedência da demanda por meio do qual pretende a condenação da representada ao pagamento da diferença entre o percentual inicialmente pago e aquele repassado ao longo da relação. [...]
(RIO GRANDE DO SUL. Tribunal de Justiça. 16ª Câmara Cível. Apelação Cível n.º 70049052277. Relator: Des. Paulo Sérgio Scarparo. Porto Alegre, 31/05/2012).

No âmbito do Recurso Especial n.º 1.323.404-GO[95], tanto o STJ quanto os órgãos julgadores de primeira e de segunda instância entenderam serem válidas as alterações contratuais realizadas com o intuito de retirar a cláusula de exclusividade da representação e de reduzir a área de atuação do representante, com base, substancialmente, nos seguintes argumentos:

(ii.1) aceitação pelo representante das alterações pactuadas, tendo em vista que este deu prosseguimento as suas atividades;

(ii.2) ausência de vício de vontade das partes na assinatura dos aditivos contratuais; e

(iii.3) instituto da *"supressio"*, que é derivação do princípio da boa-fé objetiva, tendo em vista que o representante teria aberto mão das diferenças de comissão resultantes da supressão da exclusividade e da redução da zona de vendas, uma vez que não pleiteou essas alterações anteriormente. Ainda, de acordo com a Relatora, no caso em questão não houve "pressão" do representado em face do representante para aceitar as modificações em referência, o qual só veio pleiteá-las após a denúncia do contrato.

8.1.3 Pleitos após a quitação

Ainda no âmbito da boa-fé objetiva, observa-se a aplicação pelos tribunais do princípio do *"venire contra factum proprium"* para negar provimento aos pleitos realizados pelo representante comercial de valores e/ou obrigações que já foram por este quitados em instrumento correspondente, desde que referido instrumento tenha sido firmado sem vício de consentimento.

---

[95] BRASIL. Superior Tribunal de Justiça. 3ª Turma. Recurso Especial n.º 1323404/GO. Relatora: Min. Nancy Andrighi. Brasília, 27/08/2013.

Esse foi o entendimento do STJ no Recurso Especial n.º 1.393.063 – PR[96] e do Tribunal de Justiça do Rio Grande do Sul na Apelação Cível n.º 70030153274[97] e na Apelação Cível n.º 70051198612[98], por exemplo.

---

[96] Agravo regimental no agravo de instrumento. Recurso especial. Contrato de representação comercial. Extinção. Quitação plena, rasa e geral. Cobrança de comissões. Impossibilidade. Precedente da terceira turma. Agravo desprovido.
(BRASIL. Superior Tribunal de Justiça. 3ª Turma. Agravo Regimental no Agravo de Instrumento n.º 1.393.063 – PR. Relator: Min. Paulo de Tarso Sanseverino. Brasília, 16/02/2012).

[97] APELAÇÃO CÍVEL. REPRESENTAÇÃO COMERCIAL. AÇÃO MONITÓRIA. ÔNUS DA PROVA. CASO CONCRETO. O TERMO DE RESCISÃO CONTRATUAL REALIZADO POR MÚTUO ACORDO, PELO QUAL AS PARTES LIVREMENTE SE DERAM QUITAÇÃO AMPLA PARA TODOS OS ASPECTOS QUE PUDESSEM DECORRER DO CONTRATO DE REPRESENTAÇÃO COMERCIAL RESCINDIDO, NÃO FOI SUPERADO, NO CASO CONCRETO. ASSIM, ADQUIRE FORÇA DE ATO JURÍDICO PERFEITO, CAPAZ DE INVIABILIZAR A COBRANÇA DE DIFERENÇAS OUTRAS A QUE AFIRMOU A AUTORA FAZER JUS.
O contrato celebrado estipulava expressamente que as comissões seriam via de regra no percentual de 7%, podendo ser modificadas em cada transação, o que é de praxe nesta espécie de contrato, já que dá ao representante a possibilidade de fechar contratos maiores, com a redução da comissão e o aumento do desconto. Não há provas de que tenha havido reduções de comissões impostas de forma unilateral pela empresa representada. Sentença confirmada. Negaram provimento à apelação. Unânime.
(RIO GRANDE DO SUL. Tribunal de Justiça. 15ª Câmara Cível. Apelação n.º 70030153274. Relator: Des. Otávio Augusto de Freitas Barcellos. Porto Alegre, 11/03/2015).

[98] APELAÇÃO CÍVEL. REPRESENTAÇÃO COMERCIAL. AÇÃO DE INDENIZAÇÃO. CONTRATO VERBAL. RESCISÃO. INICIATIVA DA PARTE AUTORA. TERMO DE RESCISÃO AMIGÁVEL DO CONTRATO DE REPRESENTAÇÃO COMERCIAL. QUITAÇÃO REFERENTE ÀS VERBAS INDENIZATÓRIAS. INDENIZAÇÃO INDEVIDA.
Insustentável a alegação do recorrente de que o termo de rescisão do contrato de representação comercial se tratava, unicamente, de simples adiantamento de comissões pela ré, sobretudo porque o recorrente firmou recibo de quitação geral do contrato de representação comercial e das verbas rescisórias, no presente e no futuro. Vício de consentimento. Falta de provas. Alegação de vício de consentimento, por induzimento em erro do autor, sequer alegada na inicial, não sendo crível que o recorrente, pessoa experiente e do ramo, não soubesse ou não pudesse compreender o alcance da quitação dada no termo de rescisão amigável. Apelação desprovida.
(RIO GRANDE DO SUL. Tribunal de Justiça. 15ª Câmara Cível. Apelação n.º 70051198612. Relatora: Des. Ana Beatriz Iser. Porto Alegre, 24/10/2012).

O Tribunal de Justiça de São Paulo, na Apelação n.º 0004393-61.2009.8.26.0160[99], na Apelação n.º 9187096-93.2009.8.26.0000[100] e na Apelação n.º 9074821-07.2009.8.26.0000[101], assim como o Tribunal de Justiça do Maranhão na Apelação Cível n.º 0384972014[102], por exemplo, fazem

---

[99] REPRESENTAÇÃO COMERCIAL. Comissões, aviso prévio e indenização derivados de rescisão contratual imotivada. Quitação ampla e geral outorgada pela representante aos contratos firmados anteriormente ao celebrado em 20.01.2006. Inadmissibilidade da cobrança de comissões e verbas indenizatórias alegadamente não recebidas. Incidência do princípio da boa-fé objetiva do contrato e do venire contra factum proprium - Rescisão sem justa causa do contrato celebrado em 20.01.2006 pela representada. Endividamento da cooperativa oriundo de má administração de seus dirigentes que não pode ser reconhecido como força maior a fim de justificar a rescisão motivada do contrato pela representada Indenizações previstas nos artigos 27, alínea "j" e 34 da Lei nº 4.886/65 devidas. Nulidade da cláusula del credere reconhecida (art. 43 da Lei n° 4.886/65). Restituição de valores retidos ou descontados sob tal rubrica determinada - Diferença de comissões pagas a menor pela representada a ser apurada em liquidação de sentença - Dano moral não configurado. Hipótese de mero dissabor ou incômodo decorrente da rescisão. Improcedência. Ação de indenização julgada parcialmente procedente nesta instância ad quem - Recurso provido em parte.
(SÃO PAULO. Tribunal de Justiça. 20ª Câmara de Direito Privado. Apelação n.º 0004393-61.2009.8.26.0160. Relator: Des. Correia Lima. São Paulo, 02/06/2014).

[100] REPRESENTAÇÃO COMERCIAL.Rescisão contratual. Prescrição do direito de cobrança das diferenças de comissões anteriores a 1997. Artigo 44 da Lei nº 4.886/65. Recibo de quitação firmado pelos autores - Outorga de ampla e geral quitação. Pretensa cobrança de alegada diferença de comissões e verbas indenizatórias não recebidas Inadmissibilidade - Incidência do princípio da boa-fé objetiva do contrato e do venire contra factum proprium – Improcedência. Agravo retido não conhecido e apelação improvida.
(SÃO PAULO. Tribunal de Justiça. 20ª Câmara de Direito Privado. Apelação n.º 9187096-93.2009.8.26.0000. Relator: Des. Correia Lima. São Paulo, 24/02/2014).

[101] Recurso de Apelação interposto contra R. sentença que julgou improcedente ação de cobrança - Alegação de incorreção - Contrato de representação comercial - Pedido de diferença de valores devidos a título de indenização por rompimento unilateral - Rescisão do contrato a pedido da empresa representada - Inexistência de notificação prévia - Irrelevância - Instrumento particular de rescisão contratual assinado pelas partes - Quitação plena outorgada pela representante comercial - Impossibilidade da cobrança de eventuais valores remanescentes, posto que contrário ao comportamento anteriormente adotado - "Venire Contra Factum Proprium". Inexistência de prova de qualquer vício existente na formação da vontade - Acerto da R. sentença- Recurso não provido.
(SÃO PAULO. Tribunal de Justiça. 17ª Câmara de Direito Privado. Apelação n.º 9074821-07.2009.8.26.0000. Relator: Des. Simões de Vergueiro. São Paulo, 19/08/2009).

[102] APELAÇÃO CÍVEL. PROCESSO CIVIL. AÇÃO DE COBRANÇA DE COMISSÕES. REPRESENTAÇÃO COMERCIAL. PRELIMINARES DE SUPRESSÃO DE INSTÂNCIA E AUSÊNCIA DE INTERESSE. REJEITADAS. DISTRATO. INEXISTÊNCIA DE VÍCIO DE CONSENTIMENTO NA FORMAÇÃO DO DISTRATO. CONTRATANTES DEVIDA-

expressa menção à vedação ao comportamento contraditório dos representantes comerciais, ou *"venire contra factum proprium"*.

Em outras palavras, de acordo as referidas decisões proferidas, tendo os representantes comerciais assinado instrumento de quitação, solicitar a diferença de comissões, indenizações e/ou de obrigações já por estes quitadas, posteriormente, é um comportamento contraditório com o anteriormente assumido, o que não é admissível à luz do princípio da boa-fé objetiva.

MENTE REPRESENTADOS. NECESSIDADE DE OBSERVÂNCIA DO PRINCÍPIO DA BOA -FÉ OBJETIVA. APLICAÇÃO DO VENIRE CONTRA FACTUM PROPRIUM. SENTENÇA REFORMADA. APELAÇÕES CONHECIDAS. 1º APELO PROVIDO. 2º APELO IMPROVIDO. UNANIMIDADE.
1. Supressão de instância. Descabimento. O termo de quitação foi juntado com a inicial da ação de cobrança, de forma que fora facultado às partes contra ele se insurgirem seja por ocasião da contestação, seja por ocasião da réplica. Preliminar rejeitada. 2. Ausência de interesse recursal. Mérito. Preliminar rejeitada. 3. A questão em debate é resolvida do ponto de vista contratual, haja vista que o contrato faz lei entre as partes e devem cumpridos, a teor do pacta sunt servanda. 4. Fazendo-se uma extensão desse entendimento, devemos considerar que a conduta das partes deve enveredar por este caminho também na hipótese de distrato. 5. O referido distrato foi regularmente assinado por ambas as partes, pessoas jurídicas, devidamente representadas no instrumento, não havendo em nenhum momento alegação de qualquer vício na formação da vontade a macular a plena validade do instrumento. 6. De outro lado, deve ser considerado ainda no presente caso a necessidade de observância do princípio da boa fé objetiva que deve imperar todos os momentos da relação jurídica contratual, quais sejam: pré-contratual, durante o contrato e mesmo após a extinção do mesmo. 7. Observa-se claramente no bojo dos autos que a 2ª apelante ao anuir ao distrato e concordar com a cláusula de geral, irretratável e irrevogável e final quitação declarou que nada mais tinha a receber da 1ª apelante, seja a título de comissões ou ainda valores de qualquer outra natureza, não podendo, portanto, em momento posterior à formalização do distrato e ao recebimento da indenização, de forma contraditória a um comportamento seu preexistente, ajuizar ação de cobrança de comissões pretéritas que não teriam sido pagas. 8. O instrumento do distrato é de clareza solar ao considerar que nenhum crédito tinha ainda a receber a 2ª apelante em razão do contrato de representação firmado entre ambas, de forma que sua conduta viola o princípio da boa fé objetiva que deve imperar nos contratos. 9. Sentença reformada. 10. Apelações conhecidas. 1º Apelo provido. 2º Apelo improvido. Unanimidade.
(MARANHÃO. Tribunal de Justiça. 5ª Câmara Cível. Apelação Cível n.º 0384972014. Relator: Des. Raimundo José Barros de Souza. São Luís, 15/12/2014).

Capítulo 9
Prazo, Rescisão e Indenizações

A LRC prevê peculiaridades com relação ao prazo e às indenizações cabíveis em caso de término antecipado do contrato de representação comercial. Antes de nos aprofundarmos nas questões trazidas pela LRC, cumpre elucidarmos a diferença conceitual utilizada na presente obra dos termos "rescisão", "resilição" e "resolução", cujas semânticas são objeto de diferentes posicionamentos na doutrina[103 e 104].

---

[103] Nas palavras de Francisco Eduardo Loureiro: "A distinção fundamental entre a resilição e a resolução, por expressa opção do legislador, se encontra na causa da extinção do contrato, a primeira fundada na vontade e a segunda no inadimplemento ou na onerosidade excessiva. [...] O termo *rescisão* é a anulabilidade do contrato, no regime do Código Civil, por lesão ou estado de perigo".
(LOUREIRO, Francisco Eduardo. Extinção dos contratos. In: LOTUFO, Renan. NANNI, Giovanni Ettore (Coordenadores). **Teoria geral dos contratos**. São Paulo: Editora Atlas, 2011, p.610-611).

[104] No que concerne aos termos "rescisão", "resilição" e "resolução", Vera Helena de Mello Franco apresenta os seguintes conceitos: "A doutrina [...] reserva o termo *rescisão* para designar as hipóteses em que o contrato deve ser desfeito por vícios consentâneos à sua formação. Assim a falta de um elemento, um vício que maculou a vontade exarada ou quaisquer outras causas antecedentes ou coexistentes com a formação do vínculo contratual. Quando por causas supervenientes a hipótese é de dissolução [...]. Quando a dissolução ocorre da vontade das partes (bilateral, circunstância em que se fala em distrato, ou unilateral, como ocorre na revogação, denúncia, renúncia, desistência, arrependimento e resgate), fala-se em resilição; quando por inexecução da prestação avençada, diz-se resolução, qualquer que seja a sua causa (voluntária ou involuntária, com culpa ou sem culpa)". (FRANCO, Vera Helena de Mello.

Para fins desta obra, no âmbito das causas de extinção do contrato de representação comercial, o termo "rescisão" é utilizado, em sentido amplo, como gênero, dos quais são espécies a "resilição"; e a "resolução" ou "rescisão", em sentido estrito[105].

A "resilição" ocorre mediante o término antecipado do contrato, sem justa causa, por todas as partes envolvidas (denominada, nesse caso, "distrato" ou "resilição bilateral") ou por vontade de uma das partes (intitulada, nesse caso, "denúncia unilateral" ou "resilição unilateral"). O distrato ou resilição bilateral e a denúncia ou resilição unilateral, estão previstos, respectivamente, nos arts. 472 e 473 do Código Civil.[106]

A "resolução" ou "rescisão" em sentido estrito (em outras palavras, a rescisão motivada), por sua vez, trata-se do término antecipado do contrato

---

Teoria geral do contrato: confronto com o direito europeu futuro. 1 ed. São Paulo: Editora Revista dos Tribunais, 2011).

[105] Conforme entendimento de Silvio Venosa, *in verbis*: "A *rescisão* é a palavra que traz, entre nós, a noção de extinção da relação contratual por culpa. Originalmente, vinha ligada tão só ao instituto da lesão. No entanto, geralmente quando uma parte imputa à outra o descumprimento de um contrato, pede a rescisão em juízo e a sentença decreta-a. Os interessados, no entanto, usam com frequência o termo com o mesmo sentido de resilir, isto é, terminar a avença de comum acordo, distratar o que foi contratado. Nada impede que assim se utilize, num costume arraigado em nossos negócios». (VENOSA, Sílvio de Salvo. **Direito civil:** teoria geral das obrigações e teoria geral dos contratos. 14 ed. São Paulo: Editora Atlas, 2014, p. 550). Francisco Eduardo Loureiro, por sua vez, elucida: "Inegável, no entanto, que a ampla utilização do termo *rescisão* pelos operadores do direito, tanto advogados em negócios jurídicos, como juízes em sentenças, ganhou sentido muito mais amplo e sedimentado pelo costume: passou a ser gênero de extinção do contrato, do qual são espécies a resilição bilateral ou unilateral, com origem na vontade das partes, e a resolução, com origem no inadimplemento, ou na onerosidade excessiva. O próprio Código Civil, não resistindo a tal movimento, em diversas passagens alude a rescisão, ora com sentido de resilição, ora com o sentido de resolução". (LOUREIRO, Francisco Eduardo. Extinção dos contratos. In: LOTUFO, Renan. NANNI, Giovanni Ettore (Coordenadores). **Teoria geral dos contratos**. São Paulo: Editora Atlas, 2011, p. 611).

[106] Código Civil: "Art. 472. O distrato faz-se pela mesma forma exigida para o contrato.
Art. 473. A resilição unilateral, nos casos em que a lei expressa ou implicitamente o permita, opera mediante denúncia notificada à outra parte.
Parágrafo único. Se, porém, dada a natureza do contrato, uma das partes houver feito investimentos consideráveis para a sua execução, a denúncia unilateral só produzirá efeito depois de transcorrido prazo compatível com a natureza e o vulto dos investimentos".

em razão do inadimplemento (art. 474 e art. 475 do Código Civil[107]) ou da onerosidade excessiva (art. 478 a art. 480 do Código Civil[108]).

Para fins da melhor elucidação sobre as terminologias utilizadas na presente obra, vide esquema a seguir:

Figura 5

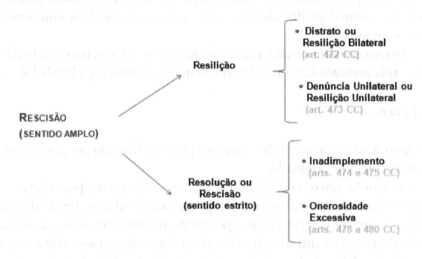

Elaborado pela Autora em Set./2016

Nesse panorama, a LRC dispõe expressamente sobre os casos de resilição unilateral do contrato, tanto pelo representante quanto pelo

---

[107] "Art. 474. A cláusula resolutiva expressa opera de pleno direito; a tácita depende de interpelação judicial.
Art. 475. A parte lesada pelo inadimplemento pode pedir a resolução do contrato, se não preferir exigir-lhe o cumprimento, cabendo, em qualquer dos casos, indenização por perdas e danos".

[108] "Art. 478. Nos contratos de execução continuada ou diferida, se a prestação de uma das partes se tornar excessivamente onerosa, com extrema vantagem para a outra, em virtude de acontecimentos extraordinários e imprevisíveis, poderá o devedor pedir a resolução do contrato. Os efeitos da sentença que a decretar retroagirão à data da citação.
Art. 479. A resolução poderá ser evitada, oferecendo-se o réu a modificar eqüitativamente as condições do contrato.
Art. 480. Se no contrato as obrigações couberem a apenas uma das partes, poderá ela pleitear que a sua prestação seja reduzida, ou alterado o modo de executá-la, a fim de evitar a onerosidade excessiva".

representado. Determina também, expressamente, as hipóteses que são consideradas "motivos justos" para a resolução do contrato, também para o representado e para o representante.

Com base em prévias experiências com contratos de representação comercial, pode-se dizer que comumente as indenizações decorrentes de rescisão do contrato de representação comercial atingem valores altos, razão pela qual é recomendável que as partes façam uma análise contábil com profissional qualificado para verificar os valores devidos, conforme o caso concreto.

Abaixo, seguem considerações acerca do prazo, rescisão e indenizações aplicáveis aos contratos de representação comercial, à luz da LRC.

9.1 Prazo

O contrato de representação comercial pode ser firmado por prazo determinado ou indeterminado.

De acordo com o art. 27, § 2º, da LRC, se o contrato por prazo determinado for renovado, este torna-se por prazo indeterminado. Insta salientar que, nos termos do referido artigo, o prazo indeterminado será considerado ainda que o contrato seja renovado tacitamente, ou seja, sem a necessidade da celebração formal de um instrumento jurídico. Assim, se após a expiração do contrato, o representante continuar prestando os seus serviços ao representado, será considerada a existência de uma relação jurídica por prazo indeterminado, nos termos da LRC.

Da mesma forma, contratos que forem sucessivamente celebrados serão considerados por prazo indeterminado, exceto se entre a celebração de um contrato ou outro existir o interregno de mais de seis meses, de acordo com o art. 27, § 3º, da LRC. Nesse panorama, se um contrato firmado entre o representado e o representante expirou em março e, em junho do mesmo ano, as mesmas partes firmam um novo contrato, essa nova relação jurídica será considerada por prazo indeterminado, com base na LRC, ainda que o contrato disponha de forma diversa.

Tem-se, assim, em regra, que somente em uma primeira contratação pode-se estipular o prazo determinado de um contrato de representação comercial, exceto se entre um contrato e outro já tiverem decorrido mais de seis meses. Essa condição é favorável ao representante comercial, tendo em vista que a cada renovação ou prorrogação do contrato, o representado pode alterar e/ou revisar as condições comerciais, sendo muitas vezes o representante obrigado a aceitar referidas alterações e/ou revisões, ainda que menos favoráveis, para não perder sua relação jurídica com o representado.

9.2 Resilição unilateral do contrato por prazo determinado

Se o contrato de representação comercial firmado por prazo certo chegar ao seu termo final (sem prorrogação), nenhuma indenização, em regra, será devida de uma parte a outra, seja a título de lucros, fundo de comércio ou constituição da base de clientes, tampouco indenização será devida a investimentos feitos ou quaisquer outros custos[109].

Não obstante, caso o representado venha a denunciar unilateralmente o contrato por prazo certo antes do final de seu termo, este será obrigado a indenizar o representante a importância correspondente à média mensal das comissões pagas ao representante até a data da resilição unilateral, multiplicada pela metade dos meses restantes do prazo contratual, de acordo com o art. 27, § 1º, da LRC.

Dessa forma, a título exemplificativo, se um contrato por prazo determinado de doze meses com remuneração média mensal de R$ 3.000,00 for denunciado no sexto mês, será devida indenização equivalente a R$ 3.000,00 (média mensal), multiplicado por três meses (metade dos meses faltantes para o término do prazo contratual), o que resultaria em R$ 9.000,00 a ser pago a título de indenização pelo representado ao representante.

Já no caso de resilição unilateral pelo representante, nos termos do art. 37 da LRC, o representado terá direito a ser ressarcido pelas perdas e danos sofridos, podendo reter as comissões devidas para tanto.

---

[109] Contrato de representação comercial. Venda de anúncios e assinaturas de jornal. Prazo determinado. Extinção do contrato por decurso desse prazo. I - O contrato de representação pode ser por prazo determinado ou indeterminado, tal como prevê o artigo 27, alínea "c" da Lei 4886/65. Sendo o contrato por prazo determinado, e decorrido esse prazo, o contrato é extinto, não havendo falar na indenização prevista no artigo 27, alínea "j" da Lei 4886/65, a qual é devida apenas nos casos de rescisão motivada e unilateral da avença, inocorrente na espécie [...].
(DISTRITO FEDERAL. Tribunal de Justiça, 4ª Turma Cível. Acórdão nº 173809 do Processo n.º 20010110919867. Relatora: Des. Vera Andrighi. Distrito Federal, 24/02/2003).

9.3 Resilição unilateral do contrato por prazo indeterminado

Como regra geral, as partes devem levar em consideração que elas não estão autorizadas a resilir unilateralmente um contrato de prazo determinado, por motivos injustificados, sem incorrer no risco de pagar uma indenização à outra parte, caso esta última seja afetada desfavoravelmente por essa rescisão. O motivo disso é que o entendimento vigente em nossos tribunais, na maioria dos casos, é que as partes devem honrar a vigência do contrato[110].

O próprio Código Civil considera a parte que resilir o contrato responsável pela indenização à outra parte, caso esta última não concorde com a referida resilição unilateral, de acordo com o art. 473, parágrafo único[111]. Em vista disso, a fim de manter o direito de denunciar o contrato unilateralmente antes do término do contrato, o recomendável é que a vigência contratual seja indeterminada, com previsão de denúncia mediante notificação prévia e por escrito a outra parte, com prazo condizente com os vultos dos investimentos realizados pelo contratado, seja este um prestador de serviços ou distribuidor, por exemplo.

Não obstante, o disposto acima não é aplicável aos contratos de representação comercial. Isso porque, a LRC, com o objetivo de proteger e conferir estabilidade ao representante no exercício de suas atividades, estabeleceu indenizações específicas também em caso de resilição unilateral do contrato firmado por prazo indeterminado.

---

[110] Indenização por prejuízos decorrentes do rompimento do contrato sem prévia notificação. Contrato por prazo certo. Aviso prévio que estava reservado à hipótese de rompimento prematuro do contrato. Despesas realizadas pela contratante para realização de evento previsto para época posterior ao fim do contrato. Indenização indevida. Recurso provido.
(SÃO PAULO. Tribunal de Justiça. 36ª Câmara de Direito Privado. Apelação com revisão n.º 0192965-79.2012.8.26.0100. Relator: Des. Pedro Baccarat. São Paulo, 31/07/2014).
RESCISÃO CONTRATUAL c/c INDENIZAÇÃO. Locação de equipamento de 'xerox'. Contrato por prazo certo. Impossibilidade de resilição unilateral. Ausência de demonstração do vício do produto. Falta de comprovação do inadimplemento culposo. Sem fundamento para a resolução. Confesso o inadimplemento de aluguéis. Adequação da inscrição feita em cadastro de proteção ao crédito. Notificação prévia existente, preenchidos os requisitos legais. Sentença de improcedência mantida (SÃO PAULO. Tribunal de Justiça. 33ª Câmara de Direito Privado. Apelação com Revisão nº 9229520-63.2003.8.26.0000. Relator: Des. Sá Moreira de Oliveira. São Paulo, 22/08/2011).

[111] Art. em referência transcrito na rota de rodapé n.º 106 acima.

Dessa forma, em caso de resilição unilateral de contrato por prazo indeterminado pelo representado, este deverá (i) pagar indenização de, no mínimo, 1/12 do montante auferido pelo representante a título de retribuição durante o prazo do contrato, à luz do art. 27, item "j", da LRC; e, ainda, (ii) caso o contrato esteja em vigor por período superior a seis meses, enviar aviso prévio de trinta dias ou pagar 1/3 das comissões auferidas pelo representante nos últimos três meses de vigência do contrato, nos termos do art. 34 da LRC.

Ainda, as comissões recebidas mês a mês no período da representação deverão ser corrigidas monetariamente, conforme determinado pelo art. 46 da LRC.

Nesse panorama, a título exemplificativo, se durante o período da representação, o representante recebeu do representando o total atualizado de R$ 120.000,00, divide-se esse valor por 12, cujo resultado corresponde a R$ 10.000,00. Este será o valor devido pelo representado ao representante.

Destaque-se que o valor a ser considerado para fins de cálculo da indenização é equivalente ao valor total bruto auferido pelo representante durante o prazo de vigência da representação comercial, conforme destacado no item 7.2 acima.

Por fim, não há previsão de pagamento de indenização ao representado no caso de resilição unilateral do contrato de representação comercial pelo representante. A LRC, no art. 34, prevê para contratos em vigor por período superior a seis meses, o envio pelo representante de aviso prévio de trinta dias ou pagamento ao representado de 1/3 das comissões auferidas pelo representante nos últimos três meses de vigência do contrato.

9.3.1 Prazo do aviso prévio

Conforme mencionado no item 9.3 acima, em caso de resilição unilateral do contrato firmado por prazo indeterminado, as partes deverão enviar aviso prévio de trinta dias a outra parte, nos termos do art. 34 da LRC.

Não obstante a LRC prever o prazo de trinta dias para o referido aviso prévio, é importante ressaltar que há divergência na jurisprudência com relação a esse referido prazo - se seria aplicável trinta dias, conforme mencionado na LRC, ou noventa dias, de acordo com o art. 720 do Código Civil, que regula os contratos de agência.

De um lado, a corrente a qual entende que o contrato de representação comercial tem na verdade a mesma natureza do contrato de agência, adota o posicionamento que o prazo aplicável para fins de aviso prévio é o de noventa dias disposto no Código Civil. Isto porque o Código Civil de 2002 é posterior a LRC, que é de 1965, portanto, os dispositivos da referida lei específica seriam considerados revogados, conforme entendimento do Tribunal de Justiça do Maranhão, por exemplo[112].

De outro lado, o Tribunal de Justiça do Distrito Federal, por exemplo, adotou entendimento que o prazo de trinta dias da LRC deve ser aplicado[113].

A opinião da autora é de que o prazo de aviso prévio aplicável para representação comercial é de trinta dias, uma vez que, conforme explicitado no Capítulo Segundo, a representação comercial e a agência não se confundem, sendo a representação comercial substancialmente regida pela LRC.

---

[112] DIREITO CIVIL. APELAÇÃO CÍVEL. PRODUÇÃO DE PROVA PERICIAL. DESNECESSIDADE. INDEFERIMENTO. CONTRATO DE REPRESENTAÇÃO. IMPUTAÇÃO DE DESÍDIA. INEXISTÊNCIA. CÓDIGO CIVIL. DISPOSITIVOS DA LRC. PESSOA JURÍDICA. DANO MORAL. DESCABIMENTO. PROTEÇÃO HONRA OBJETIVA. APELAÇÃO PARCIALMENTE PROVIDA.
[...]
III. O Código Civil, por se tratar de diploma legal posterior, revogou alguns dispositivos da Lei que trata do contrato de representação comercial, dentre os quais o que estabelece o aviso prévio de 30 dias – art. 34, Lei 4.886/65 –, uma vez que destinou capítulo específico aos contratos de agência, os quais têm a mesma natureza jurídica daquele, estipulando, desta feita, pré-aviso de 90 dias – art. 720 CC.
(MARANHÃO. Tribunal de Justiça, 2ª Câmara Cível. Apelação Cível n.º 13194-2009. Relator: Des. Antonio Guerreiro Júnior. São Luís, 07/07/2009).
[113] REPRESENTAÇÃO COMERCIAL. COMISSÕES DEVIDAS. RESCISÃO UNILATERAL. AUSÊNCIA DE JUSTA CAUSA E DE AVISO PRÉVIO. INDENIZAÇÕES. JUROS DE MORA. CITAÇÃO.
I - Ficou incontroversa a existência de contrato oral de representação comercial por tempo indeterminado, cuja exclusividade de zona não foi provada. Impõe-se o pagamento das comissões devidas e não pagas pelos negócios realizados pelo representante.
II - Rescindido o ajuste pelo representado sem justa causa e sem aviso prévio de 30 dias, cabíveis as indenizações de 1/3 das comissões auferidas durante os últimos três meses e de 1/12 das comissões auferidas durante o tempo em que o contrato vigorou. Arts. 27, alínea "j", e 34 da lei 4.886/65. Incabíveis lucros cessantes.
[...]
(DISTRITO FEDERAL. Tribunal de Justiça, 6ª Turma Cível. Apelação Cível 20110910060962. Relatora: Des. Vera Andrighi. Brasília, 02/05/2012).

Não obstante, em razão da divergência jurisprudencial, o recomendável é que seja enviada notificação prévia de noventa dias a outra parte em caso de resilição unilateral do contrato de representação comercial firmado por prazo indeterminado, a fim de mitigar riscos no que concerne ao pagamento de indenizações a outra parte, tendo em vista que não há ainda posicionamento consolidado pela jurisprudência com relação a essa questão.

Da mesma forma, caso qualquer das partes tenha recebido aviso prévio de trinta dias para fins de denúncia do contrato firmado por prazo indeterminado, esta pode pleitear a outra parte a extensão do referido prazo para noventa dias, com fundamento no art. 720 do Código Civil e na jurisprudência elencada.

9.4 Motivos justos para a resolução pelo representado

O art. 35 da LRC estabelece expressamente, de forma não exaustiva, as hipóteses consideradas "motivos justos" para a resolução do contrato pelo representado, conforme abaixo:

> Art. 35. Constituem motivos justos para rescisão do contrato de representação comercial, pelo representado:
> a) a desídia do representante no cumprimento das obrigações decorrentes do contrato;
> b) a prática de atos que importem em descrédito comercial do representado;
> c) a falta de cumprimento de quaisquer obrigações inerentes ao contrato de representação comercial;
> d) a condenação definitiva por crime considerado infamante;
> e) fôrça maior.

Na hipótese de justo motivo para a resolução do contrato, seja este por prazo determinado ou indeterminado, o representado não estará sujeito ao pagamento de indenização ao representante, mas poderá reter as comissões devidas para ressarcir-se de danos causados pelo mesmo, de acordo com o art. 37 da LRC. Ainda, poderá cobrar judicialmente o valor real do dano causado, se superior ao valor retido das comissões.

9.5 Motivos justos para a resolução pelo representante

Assim como estabelece o rol de hipóteses de motivos justos para a resolução do contrato pelo representado, a LRC também apresenta os casos em que o contrato de representação comercial pode ser resolvido pelo representante, conforme art. 36:

> Art. 36. Constituem motivos justos para rescisão do contrato de representação comercial, pelo representante:
>
> a) redução de esfera de atividade do representante em desacôrdo com as cláusulas do contrato;
> b) a quebra, direta ou indireta, da exclusividade, se prevista no contrato;
> c) a fixação abusiva de preços em relação à zona do representante, com o exclusivo escopo de impossibilitar-lhe ação regular;
> d) o não-pagamento de sua retribuição na época devida;
> e) fôrça maior.

Ocorrendo a resolução do contrato por qualquer das hipóteses estabelecidas no art. 36 da LRC, o representado estará sujeito a pagar a indenização ao representante, que pode ser, no caso de (i) contrato firmado por prazo determinado, a importância correspondente à média mensal das comissões pagas até a data da rescisão, multiplicada pela metade dos meses restantes do prazo contratual, de acordo com o art. 27 § 1º da LRC; e no caso de (ii) contrato firmado por prazo indeterminado, no mínimo, 1/12 do montante auferido pelo representante a título de retribuição durante o prazo do contrato, à luz do art. 27, alínea "j", da LRC.

9.6 Dispensa de aviso prévio em caso de resolução

É importante ressaltar que vem se firmando, tanto na doutrina quanto na jurisprudência, entendimento de que o aviso prévio conforme estabelecido no art. 34 da LRC ou no art. 720 do Código Civil, não é necessário em caso de rescisão motivada do contrato.

Na doutrina, podemos destacar esse entendimento de Rubens Requião, conforme abaixo:

O aviso prévio é incompatível com a arguição de falta grave cometida pela outra parte. Ou seja, se cometida falta grave, a denúncia do contrato terá natureza abrupta, rompendo-se o contrato tão logo a denúncia chegue ao conhecimento da parte faltosa. Havendo falta grave e, não obstante, se concede o aviso prévio, perde-se aquele argumento, sendo razoável entender que o denunciante dela abriu mão, perdoando o faltoso[114].

O STJ também já manifestou entendimento no sentido da não obrigatoriedade do aviso prévio previsto no art. 34 da LRC no caso de rescisão do contrato de representação comercial por justa causa.[115]

9.7 Resumindo

Para a melhor memorização do leitor, na tabela a seguir há a disposição, de forma resumida, das indenizações cabíveis em caso de rescisão do contrato de representação comercial.

---

[114] REQUIÃO, Rubens Edmundo. **Do representante comercial:** comentários à Lei n.º 4886, de 9 de dezembro de 1965, à Lei n.º 8420, de 8 de maio de 1992, e ao Código Civil de 2002. 9 ed. Rio de Janeiro: Editora Forense, 2008, p. 240.

[115] CONTRATO DE REPRESENTAÇÃO COMERCIAL. ROMPIMENTO DO CONTRATO PELO REPRESENTANTE DIANTE DA AUSÊNCIA DE PAGAMENTO DE COMISSÕES PELA REPRESENTADA. INTERPRETAÇÃO DO ART. 34 DA LEI Nº 4.886/65.
1. O art. 34 da Lei nº 4.886/65 somente incide no caso de denúncia vazia do contrato por qualquer das partes, não naqueles casos em que uma das partes, diante de motivo justo, tal e qual previsto na lei especial de regência, toma a iniciativa.
2. Recurso especial não conhecido.
(BRASIL. Superior Tribunal de Justiça. 3ª Turma. Recurso Especial n.º 417.058/MG. Relator: Min. Carlos Alberto Menezes Direito. Brasília, 06/12/2002).
RECURSO ESPECIAL. REPRESENTAÇÃO COMERCIAL. DENÚNCIA DO CONTRATO PELA RÉ POR JUSTA CAUSA. PRÉ-AVISO (ART. 34 DA LEI N. 4.886/1965). VERBA INDEVIDA.
1. Havendo o reconhecimento da justa causa para a rescisão do contrato de representação comercial, é de se ter por inexigível a indenização correspondente à falta de aviso prévio. Precedentes.
[...]
(BRASIL. Superior Tribunal de Justiça. 4ª Turma. Recurso Especial n.º 1190425/RJ. Relator: Ministro Luis Felipe Salomão. Brasília, 02/09/2014).

Figura 6

	Denúncia pelo Representado	Denúncia pelo Representante	Resolução pelo Representado por Motivos Justos	Resolução pelo Representante por Motivos Justos
Contrato por Prazo Determinado	Deve o representado pagar indenização equivalente a média mensal da retribuição X metade dos meses resultantes do prazo contratual (art. 27, §1º)	Representado tem direito a ser ressarcido pelas perdas e danos sofridos podendo reter comissões devidas para tanto (art. 37)	Representado tem direito a ser ressarcido pelas perdas e danos sofridos podendo reter comissões devidas para tanto (art. 37)	Deve o representado pagar indenização equivalente à média mensal da retribuição X metade dos meses resultantes do prazo contratual (art. 27, §1º)
Contrato por Prazo Indeterminado	Deve o representado pagar indenização de, no mínimo, 1/12 do montante auferido pelo representante a título de retribuição durante o prazo do contrato (art. 27, j) + Aviso prévio de 30 dias OU pagamento de 1/3 das comissões auferidas nos últimos 3 meses (art. 34)	Não há previsão de pagamento de indenização ao Representado. Aviso prévio de 30 dias OU pagamento de 1/3 das comissões auferidas nos últimos 3 meses (art. 34)	Representado tem direito a ser ressarcido pelas perdas e danos sofridos podendo reter comissões devidas para tanto (art. 37)	Deve o representado pagar indenização de, no mínimo, 1/12 do montante auferido pelo representante a título de retribuição durante o prazo do contrato (art. 27, j)

Elaborado por Cláudio Oliveira Mattos em jan. 2012
para apresentações ministradas pelo Demarest Advogados.

Capítulo 10
Aspectos Processuais

Nesse Capítulo, serão analisados aspectos processuais peculiares e de notável relevância no que concerne aos contratos de representação comercial, quais sejam: (i) competência, tanto material quanto territorial; (ii) cláusula de arbitragem e eleição de lei estrangeira; e (iii) prescrição. Os referidos aspectos estão detalhados a seguir.

10.1 Competência

A LRC, em seu art. 39, estabelece a competência material, territorial e o procedimento a que devem ser submetidas as ações judiciais que envolvem litígios relacionados à representação comercial, conforme abaixo:

> Art. 39. Para julgamento das controvérsias que surgirem entre representante e representado é competente a Justiça Comum e o foro do domicílio do representante, aplicando-se o procedimento sumaríssimo previsto no art. 275 do Código de Processo Civil, ressalvada a competência do Juizado de Pequenas Causas.

Não obstante o art. 39 determinar a competência material da Justiça Comum, e a competência territorial do foro do domicílio do representante comercial para dirimirem controvérsias entre representante e representado, há divergência na doutrina e na jurisprudência se (i) no caso da competência material, a Justiça do Trabalho também poderia julgar processos relacionados à representação comercial; e se (ii) no caso da competência territorial, as partes podem eleger foro diferente do domicílio do representante, se assim for pactuado no contrato.

Antes de entrarmos nas discussões acerca das competências material e territorial no âmbito dos contratos de representação comercial, cumpre trazermos à baila alguns conceitos e disposições gerais sobre competência à luz da Lei 13.105, de 16 de março de 2015 (Código de Processo Civil - "CPC").

Nesse diapasão, o art. 62 do CPC estabelece que a competência determinada em razão da matéria é inderrogável por convenção das partes. Já o art. 63 do CPC prevê que as partes podem modificar a competência em razão do território, elegendo foro onde será proposta ação oriunda de direitos e obrigações.

Assim, os processualistas denominam, em regra, a competência material como "absoluta", e a competência territorial como "relativa". Sobre o assunto, leciona a doutrina processualista:

> Além de valer-se de *critérios* de competência, o Código de Processo Civil contempla *dois regimes* distintos nos quais podem ser enquadradas as hipóteses de competência deles oriundas [...]: os critérios de competência *absoluta* e os critérios de competência *relativa, segundo a maior ou a menor disponibilidade da vontade das partes sobre a regra determinadora do regime*. Os indicadores de competência *absoluta* constituem grupo de regras *cogentes*, determinadas no *interesse da administração da justiça*, não se admitindo que as partes possam convencionar de forma distinta da previsão legal, gerando, ademais, consequências muito mais graves. Por seu turno, as diretrizes de competência *relativa* são postas, sobretudo, para *facilitação do acesso à justiça para as partes*, razão pela qual podem elas dispor sobre esses critérios, alterando o regime legal (e, por consequência, o foro competente para a demanda)[116].

---

[116] MARINONI, Luiz Guilherme. ARENHART, Sérgio Cruz. MITIDIERO, Daniel. **Curso de processo civil**: tutela dos direitos mediante procedimento comum. 1 ed. São Paulo: Editora Revista dos Tribunais, 2005. p. 62.

Diante das disposições gerais do CPC elencadas acima no que concerne, em regra, à competência absoluta, em razão da matéria, e competência relativa no que diz respeito ao território, passemos às controvérsias e peculiaridades sobre o assunto no caso específico dos contratos de representação comercial.

10.1.1 Competência Material

A polêmica envolvendo a competência material para fins de julgamento de litígios envolvendo contratos de representação comercial se estabeleceu após a promulgação da Emenda Constitucional 45/2004 ("EC 45/2004"), que alterou a redação do art. 114 da CF. Abaixo, para pronta referência, tem-se a redação do art. 114 da CF, antes e após a promulgação da referida emenda:

Antes da EC 45/2004	Após a EC 45/2004
Art. 114. Compete à Justiça do Trabalho **conciliar e julgar os dissídios individuais e coletivos entre trabalhadores e empregadores**, abrangidos os entes de direito público externo da administração pública direta e indireta dos Municípios, do Distrito Federal, dos Estados e da União, e, na forma da lei, outras controvérsias decorrentes da relação de trabalho, bem como os litígios que tenham origem no	Art. 114. Compete à Justiça do Trabalho **processar e julgar**: I as ações oriundas da relação de trabalho, abrangidos os entes de direito público externo e da administração pública direta e indireta da União, dos Estados, do Distrito Federal e dos Municípios; [...] IX outras controvérsias decorrentes da relação de trabalho, na forma da lei.

Verifica-se, portanto, que a competência da Justiça do Trabalho foi significativamente ampliada com o reconhecimento de sua competência para processar e julgar todas as ações oriundas da relação de trabalho[117]. A expressão "relação de trabalho" conferida pela EC 45/2004 apresenta conotação mais ampla e abrangente do que a expressão "relação de emprego", disposta na redação original do art. 114 da CF, uma vez que "relação de emprego", a princípio, abrange somente os trabalhadores sob a égide da Consolidação das Leis do Trabalho ("CLT"), ou seja, os "empregados" ou "celetistas", enquanto "relação de trabalho" pode abarcar tanto as relações

---

[117] MENDES, Gilmar Ferreira. COELHO, Inocêncio Mártires. BRANCO, Paulo Gustavo Gonet. **Curso de direito constitucional**. 2 ed. São Paulo: Editora Saraiva, 2008. p. 976.

destes referidos trabalhadores, quanto as relações de profissionais liberais, como é o caso da representação comercial, por exemplo.

Nesse contexto, iniciaram-se as discussões se o art. 39 da LRC estaria em conformidade com o novo texto do art. 114 da CF, uma vez que as relações entre representantes e representados podem ser abarcadas no conceito de "relação de trabalho". Assim, de acordo com o art. 114 da CF, as relações entre representantes e representados poderiam ser processadas e julgadas pela Justiça do Trabalho[118]. Por outro lado, a LRC estabelece no art. 39 que as controvérsias advindas da representação comercial são de competência da Justiça Comum.

Sobre o assunto, a jurisprudência já unificou entendimento que:

(i) com relação aos processos em que há a solicitação do representante comercial de reconhecimento de vínculo empregatício, a Justiça do Trabalho é a competente para o julgamento correspondente[119]; e

(ii) no que diz respeito aos processos em que são partes o representante, e o representado, na qualidade de pessoas jurídicas, a Justiça Comum é a competente para processar e julgar os litígios em questão. Nesse sentido, o TST já manifestou que não é da competência da Justiça do Trabalho os processos entre pessoas jurídicas no âmbito da representação comercial, conforme precedentes do referido tribunal[120]. O STJ, na mesma linha, reconhece a compe-

---

[118] À luz do art. 111 da Constituição Federal, os órgãos da Justiça do Trabalho são o Tribunal Superior do Trabalho, os Tribunais Regionais do Trabalho e os Juízes do Trabalho.

[119] AGRAVO DE INSTRUMENTO. RECURSO DE REVISTA. COMPETÊNCIA DA JUSTIÇA DO TRABALHO. VÍNCULO DE EMPREGO - REPRESENTAÇÃO COMERCIAL DESCARACTERIZADA. Nega-se provimento a agravo de instrumento que visa liberar recurso despido dos pressupostos de cabimento. Agravo desprovido.
(SÃO PAULO. Tribunal de Justiça. 21ª Câmara de Direito Privado. Apelação n.º 0220375-64.2002.8.26.0100. Relator: Des. Itamar Gaino. São Paulo, 02/06/2011).

[120] 1. [...] 2. CONTRATO DE REPRESENTAÇÃO COMERCIAL. COMPETÊNCIA DA JUSTIÇA DO TRABALHO. VIOLAÇÃO DO ARTIGO 114, I, DA CONSTITUIÇÃO FEDERAL. NÃO CONFIGURAÇÃO. NÃO PROVIMENTO. Este Tribunal Superior possui entendimento de que, em face da Emenda Constitucional nº 45/05, que deu nova redação ao artigo 114 da Constituição Federal, a competência da Justiça do Trabalho passou a abranger não somente as demandas decorrentes da relação de emprego, mas também as oriundas da relação de trabalho, na forma prevista no inciso I do mencionado dispositivo constitucional, incluindo-se aquelas decorrentes do contrato de representação comercial, a qual somente

tência da Justiça Comum para julgar processos envolvendo pessoas jurídicas com base em contrato de representação comercial, exceto no que diz respeito a ações envolvendo litígios de natureza trabalhista.[121]

Não obstante, não há ainda entendimento uniforme se a competência é da Justiça do Trabalho ou da Justiça Comum para julgar as ações envolvendo representante comercial, na qualidade de pessoa natural, tendo como base o próprio contrato de representação comercial.

atrai a competência para a Justiça comum, na forma disposta no artigo 39 da Lei nº 4.886/65, quando a controvérsia se dá entre pessoas jurídicas. Precedentes de Turmas. Em sendo assim, correta a decisão regional que declarou competente a Justiça do Trabalho para julgar controvérsia da relação de trabalho decorrente do contrato de representação comercial firmado pela reclamante, na qualidade de pessoa física, com a reclamada, pessoa jurídica. Incólume o artigo 114, I, da Constituição Federal. 3. [...]
(BRASIL. Tribunal Superior do Trabalho. 2ª Turma. Agravo de Instrumento em Recurso de Revista n.º 206440-49.2007.5.18.0004. Relator: Min. Guilherme Augusto Caputo Bastos. Brasília, 06/04/2011).
AGRAVO DE INSTRUMENTO EM RECURSO DE REVISTA. COMPETÊNCIA DA JUSTIÇA DO TRABALHO. REPRESENTANTE COMERCIAL AUTÔNOMO. LEI N.º 4.886/65. Em razão da nova redação do art. 114 da CF/88, dada pela EC n.º 45/05, a regra constante do art. 39 da Lei n.º 4.886/65 aplica-se somente às demandas travadas entre pessoas jurídicas, na medida em que compete a esta Especializada processar e julgar as ações oriundas da relação de trabalho, como vem a ser a relação entre o representante comercial autônomo e a empresa representada. Agravo de Instrumento não provido.
(BRASIL. Tribunal Superior do Trabalho. 4ª Turma. Agravo de Instrumento em Recurso de Revista n.º 1740-30.2009.5.03.0111. Relatora: Min. Maria de Cassis Calsing. Brasília, 15/12/2010).
[121] Conflito negativo de competência. Justiça comum e laboral. Contrato de representação comercial. Rescisão. Ação proposta por pessoa jurídica. Natureza civil. Competência da justiça comum.
A jurisprudência da 2ª Seção já se manifestou no sentido de que, se a ação é ajuizada por pessoa jurídica, buscando a rescisão de contrato de prestação de serviços, a competência para apreciar a causa é da Justiça Comum.
- Independentemente dessa circunstância, a competência para conhecer de causas envolvendo contratos de representação comercial é da justiça comum, e não da justiça laboral, mesmo após o início da vigência da EC nº 45/2004. Isso porque a representação comercial se caracteriza, entre outros fatores, pela ausência de subordinação, que é um dos elementos da relação de emprego. Ressalva pessoal.
Conflito conhecido, declarando-se competente o juízo suscitado.
(BRASIL. Superior Tribunal de Justiça. 2ª Seção. Conflito de Competência n.º 60814/MG. Relatora: Min. Nancy Andrighi. Brasília, 27/09/2006).

De acordo com Zaida José dos Santos, por exemplo, a Justiça do Trabalho é competente para julgar as ações decorrentes de contrato de representação comercial, independentemente de o representante ser pessoa física ou jurídica, tendo em vista que o representante comercial é marcado pelo traço da hipossuficiência:

> O fato da lei não fazer distinção entre o representante comercial, pessoa natural, ou pessoa jurídica, somada à discrepância socioeconômica entre representante e representada, nos mesmos moldes do vendedor empregado, aponta para a Justiça do Trabalho como o melhor foro para dirimir as controvérsias oriundas do contrato de representação comercial, independentemente do representante comercial ser pessoa natural ou pessoa jurídica de pequeno porte ou familiar.
>
> A Justiça do Trabalho é, por natureza, dotada de instrumentos filosóficos e legais mais adequados a efetivamente fazer justiça nestes casos, enquanto a Justiça Comum é aparelhada com ferramentas mais adequadas para dirimir questões de natureza privada, envolvendo, em tese, partes com capacidades socioeconômicas iguais ou semelhantes.
>
> Com efeito, a capacidade socioeconômica da representada a torna natural e unilateralmente detentora da administração do negócio, sendo, por isso mesmo, salutar e até necessário a existência de um órgão dotado de ferramentas (mais) eficazes na proteção da parte mais frágil, para intervir nos conflitos nascidos dessa relação, e esse órgão é a Justiça do Trabalho[122].

Nesse sentido, a Justiça do Trabalho tem se declarado competente para dirimir controvérsias entre representante comercial, enquanto pessoa física, e o representado, com fulcro substancialmente na nova redação do art. 114, I, da CF. De acordo com recentes decisões proferidas pelo TST e Tribunal Regional do Trabalho ("TRT"), a expressão "relação de trabalho"

---

[122] SANTOS, Zaida José dos. Da competência da Justiça do Trabalho em relação à representação comercial autônoma. Disponível em: https://www.trt3.jus.br/download/artigos/pdf/112_competencia_jt_repr_comercial.pdf. Acesso em 18 set. 2016.

deve ser interpretada em um sentido amplo, abarcando os representantes comerciais, sejam estes pessoas físicas ou jurídicas.[123]

Não obstante a discussão acerca da competência envolvendo representantes comerciais na qualidade de pessoas ou jurídicas não ter atingido de forma expressa o STJ até a presente data, o referido tribunal já proferiu decisões no sentido que o contrato de representação comercial apresenta

---

[123] COMPETÊNCIA DA JUSTIÇA DO TRABALHO. REPRESENTANTE COMERCIAL AUTÔNOMO.
O constituinte derivado, ao promulgar a Emenda Constitucional nº 45/2004, teve a inegável intenção de ampliar a competência da Justiça do Trabalho para incluir em seu âmbito de apreciação as lides oriundas da relação de trabalho. Assim, a expressão "relação de trabalho" contida no novo inciso I do artigo 114 da Constituição Federal deve ser interpretada em sentido amplo para também abranger os serviços prestados de forma pessoal, onerosa, eventual ou permanente, subordinada ou independente, a outra pessoa física ou jurídica, o que inclui os representantes comerciais autônomos pessoas físicas. Dessa forma, tem-se que o artigo 39 da Lei nº 4.886/65, que atribuía competência à Justiça Comum para solucionar as demandas entre o representante comercial autônomo pessoa física e o representado, foi tacitamente não recepcionado neste aspecto, mas só quando se tratar de serviços de representação comercial autônoma prestados, na realidade, por pessoa física, por ser incompatível com o artigo 114, inciso I, da Constituição Federal. De outro lado, o inciso IX do artigo 114 da Carta Magna constitui uma cláusula de abertura para atribuir competência à Justiça obreira para casos que derivem da relação de trabalho, como a competência em matéria previdenciária, por exemplo, não sendo mesmo aplicável diretamente a este caso sem uma lei ordinária (até esta data inexistente) que trate da matéria. Não se configura portanto, a alegada violação ao artigo 39 da Lei nº 4.886/65.
Recurso de revista não conhecido.
(BRASIL. Tribunal Superior do Trabalho. 2ª Turma. Agravo de Instrumento em Recurso de Revista n.º 29000-46.2009.5.04.0017. Rel.: Min. José Roberto Freire Pimenta. Brasília, 03/12/2014).
PRELIMINAR INCOMPETÊNCIA MATERIAL DA JUSTIÇA DO TRABALHO. REJEIÇÃO.
A mais importante inovação trazida pela EC 45/2004 foi a ampliação da competência da Justiça do Trabalho para processar e julgar as ações oriundas das relações de trabalho (art. 114, I da CF). Considera-se relação de trabalho qualquer vínculo jurídico por meio do qual uma pessoa natural executa serviços para outrem, mediante ajuste de pagamento de uma contraprestação. Nessa esteira, qualquer profissional autônomo que não receber pelos serviços prestados, embora não seja empregado, como no caso dos autos, ajuizará demanda perante esta Justiça Especializada. Assim, na hipótese buscando o Autor o pagamento de diferenças de comissões a que tem direito decorrente do contrato de representação comercial, indiscutível que tal conflito se insere na competência material da Justiça do Trabalho. Preliminar que se rejeita.
(MATO GROSSO. Tribunal Regional do Trabalho da 23ª Região. 2ª Turma. Recurso Ordinário n.º 0080600-46.2010.5.23.0081. Relatora: Des. Leila Calvo. Cuiabá, 09/06/2011).

natureza civil, e não de trabalho, razão pela qual descabe controvérsias deste oriundas pela Justiça do Trabalho[124].

O Tribunal de Justiça do Rio Grande do Sul, por sua vez, já adotou posicionamento específico que é de competência da Justiça Comum julgar processos que envolvam a relação jurídica de representação comercial, seja o representante comercial pessoa física ou jurídica, tendo em vista o seu cunho eminentemente civil e diverso da relação de trabalho[125].

---

[124] CONFLITO NEGATIVO DE COMPETÊNCIA. JUSTIÇA DO TRABALHO. JUSTIÇA COMUM. CONTRATO DE REPRESENTAÇÃO COMERCIAL. AÇÃO DE COBRANÇA DE COMISSÕES. PEDIDO. ÍNDOLE EMINENTEMENTE CIVIL. COMPETÊNCIA DA JUSTIÇA COMUM.
1. Compete à Justiça Comum processar e julgar ação de cobrança de comissão proposta por representante comercial, porquanto a controvérsia posta na demanda deriva de relação jurídica de cunho eminentemente civil, nem sequer tangenciando eventual relação de emprego.
2. Não se pretendendo, na hipótese, o reconhecimento de vínculo empregatício ou o recebimento de verbas trabalhistas, falece competência à Justiça Laboral para o exame da lide, mesmo após a edição da EC nº 45/2004.
3. Conflito conhecido para declarar competente a Justiça Comum Estadual.
(BRASIL. Superior Tribunal de Justiça. 2ª Seção. Recurso Especial n.º 130.392/MG. Relator: Min. Raul Araújo. Brasília: 26/03/2014).
CONFLITO NEGATIVO DE COMPETÊNCIA. JUSTIÇA ESTADUAL E JUSTIÇA DO TRABALHO. CONTRATO DE REPRESENTAÇÃO COMERCIAL. COMPETÊNCIA DA JUSTIÇA ESTADUAL.
1. Malgrado o artigo 114, inciso I da Constituição Federal, disponha que compete à Justiça do Trabalho processar e julgar as ações oriundas da relação de trabalho, na Segunda Seção desta Corte Superior é firme a orientação de que a competência ratione materiae deve ser definida em face da natureza jurídica da quaestio, deduzida dos respectivos pedido e causa de pedir.
2. O art. 1º da Lei nº 4.886/65 é claro quanto ao fato de o exercício da representação comercial autônoma não caracterizar relação de emprego.
3. Não se verificando, in casu, pretensão de ser reconhecido ao autor vínculo empregatício, uma vez que objetiva ele o recebimento de importância correspondente pelos serviços prestados, a competência para conhecer de causas envolvendo contratos de representação comercial é da justiça comum, e não da justiça laboral, mesmo após o início da vigência da EC nº 45/2004 .
4. Conflito conhecido para declarar competente o Juízo de Direito da 1ª Vara de Canoinhas/SC, o suscitado.
(BRASIL. Superior Tribunal de Justiça. 2ª Seção. Conflito de competência n.º **96.851**/SC. Relator: Min. Carlos Fernando Mathias. Brasília, 11/02/2009).
[125] RELAÇÃO JURÍDICA DE REPRESENTAÇÃO COMERCIAL. REPRESENTANTE PESSOA FÍSICA. COMPETÊNCIA DA JUSTIÇA COMUM ESTADUAL.
1. Os feitos em que se controverta relação jurídica de representação comercial – cuja natureza é civil, e não de trabalho –, são de competência da Justiça Comum Estadual. Precedentes do STJ e deste Tribunal de Justiça.

A discussão atingiu o Supremo Tribunal Federal ("STF"), que reconheceu a existência da repercussão geral do tema em um Recurso Extraordinário[126]. No referido Recurso Extraordinário, o representado questiona decisão do TST, a qual reconheceu a competência da Justiça do Trabalho para julgar ações que envolvem a cobrança de comissões referentes a contrato de representação comercial firmado com representante comercial, na qualidade de pessoa física, com fulcro na EC 45/2004, que teria tirado da Justiça Comum a competência para examinar processos que tratem de controvérsias sobre relação de trabalho[127].

O entendimento da autora é que a expressão "relação de trabalho" trazida pela EC 45/2004 deve ser interpretada de forma restritiva, abarcando tão somente as relações jurídicas de natureza trabalhista, ou seja, decor-

---

2. A competência, na espécie, define-se em razão da matéria, e não da pessoa, de modo que, incumbirá à Justiça Comum Estadual a apreciação de todos os processos que envolvam representação comercial, quer pessoa física o representante, quer pessoa jurídica.
(RIO GRANDE DO SUL. Tribunal de Justiça. 16ª Câmara Cível. Agravo de Instrumento n.º 70051394872 RS. Relator: Des. Paulo Sérgio Scarparo. Porto Alegre, 29/11/2012).

[126] Sobre Repercussão Geral, o próprio STF explica sua natureza, requisitos e funcionalidades: "A Repercussão Geral é um instrumento processual inserido na Constituição Federal de 1988, por meio da Emenda Constitucional 45, conhecida como a 'Reforma do Judiciário'. O objetivo desta ferramenta é possibilitar que o Supremo Tribunal Federal selecione os Recursos Extraordinários que irá analisar, de acordo com critérios de relevância jurídica, política, social ou econômica. O uso desse filtro recursal resulta numa diminuição do número de processos encaminhados à Suprema Corte. Uma vez constatada a existência de repercussão geral, o STF analisa o mérito da questão e a decisão proveniente dessa análise será aplicada posteriormente pelas instâncias inferiores, em casos idênticos. A preliminar de Repercussão Geral é analisada pelo Plenário do STF, através de um sistema informatizado, com votação eletrônica, ou seja, sem necessidade de reunião física dos membros do Tribunal. Para recusar a análise de um RE são necessários pelo menos 8 votos, caso contrário, o tema deverá ser julgado pela Corte. Após o relator do recurso lançar no sistema sua manifestação sobre a relevância do tema, os demais ministros têm 20 dias para votar. As abstenções nessa votação são consideradas como favoráveis à ocorrência de repercussão geral na matéria." Vide: http://www.stf.jus.br/portal/glossario/verVerbete.asp?letra=R&id=451. Acesso em 18 set. 2016.

[127] COMPETÊNCIA – JUSTIÇA DO TRABALHO *VERSUS* JUSTIÇA COMUM – CONTROVÉRSIA RESULTANTE DE REPRESENTAÇÃO COMERCIAL – RECURSO EXTRAORDINÁRIO REPERCUSSÃO GERAL CONFIGURADA. Possui repercussão geral a controvérsia acerca do alcance do artigo 114 da Constituição Federal nos casos de definição da competência para o julgamento de processos envolvendo relação jurídica de representante e representada comerciais.
(BRASIL. Supremo Tribunal Federal. Repercussão Geral no Recurso Extraordinário 606.003/RS. Relator: Min. Marco Aurélio. Brasília, 20/03/2012).

rentes de contrato de trabalho disciplinado pela CLT. Por essa razão, as demandas envolvendo os contratos de representação comercial, por serem de natureza civil, em que não haja o requerimento de reconhecimento de vínculo empregatício, devem ser julgadas pela Justiça Comum, seja o representante comercial pessoa física ou jurídica.

Não obstante, à luz do acima exposto, cumpre ao STF definir o alcance do texto constitucional com relação aos limites de atuação da Justiça do Trabalho.

10.1.2 Competência territorial

No que diz respeito à competência territorial, conforme visto no item 10.1 *supra*, o art. 39 da LRC estabelece que controvérsias entre representante e representado devem ser julgadas no foro de domicílio do representante.

No entanto, o STJ já manifestou entendimento que a competência territorial em contratos de representação comercial é relativa, podendo ser livremente pactuada entre as partes, ainda que em contrato de adesão, desde que (i) não haja hipossuficiência entre o representante e o representado; e (ii) a mudança de foro não seja um entrave ao acesso à justiça pelo representante comercial[128].

---

[128] DIREITO COMERCIAL. REPRESENTAÇÃO COMERCIAL. ART. 39 DA LEI Nº 4.886/65. COMPETÊNCIA RELATIVA. ELEIÇÃO DE FORO. POSSIBILIDADE, MESMO EM CONTRATO DE ADESÃO, DESDE QUE AUSENTE A HIPOSSUFICIÊNCIA E OBSTÁCULO AO ACESSO À JUSTIÇA.
- A Lei nº 4.886/65 tem nítido caráter protetivo do representante comercial.
- Na hipótese específica do art. 39 da Lei nº 4.886/95, o objetivo é assegurar ao representante comercial o acesso à justiça.
- A competência prevista no art. 39 da Lei nº 4.886/65 é relativa, podendo ser livremente alterada pelas partes, mesmo via contrato de adesão, desde que não haja hipossuficiência entre elas e que a mudança de foro não obstaculize o acesso à justiça do representante comercial.
- Embora a Lei nº 4.886/65 tenha sido editada tendo em vista a realidade vivenciada pela grande maioria dos representantes comerciais, não se pode ignorar a existência de exceções. Em tais circunstâncias, ainda que a relação entre as partes continue a ser regulada pela Lei nº 4.886/65, esta deve ser interpretada e aplicada como temperança e mitigação, sob pena da norma se transformar em instrumento de beneficiamento indevido do representante em detrimento do representado.
Embargos conhecidos, mas não providos.
(BRASIL. Superior Tribunal de Justiça. 2ª Seção. Recurso Especial n.º 579324/SC. Relatora: Min. Nancy Andrighi. Brasília, 12/03/2008).

10.2 Leis estrangeiras e cláusula de arbitragem

No Brasil, a princípio, as partes não podem escolher livremente a lei que irá reger determinada relação jurídica. Isto porque, de acordo com o art. 9º da LINDB, para qualificar e reger as obrigações, serão aplicáveis as leis dos país em que estas se constituírem. Dessa forma, em regra, o contrato será regido e interpretado pelas leis do país em que este foi assinado.

No caso de dúvidas sobre o local em que o contrato foi assinado, o art. 9º, § 2º, da LINDB, considera que a obrigação resultante do contrato é constituída no lugar em que residir o proponente.

Insta ainda salientar que, de acordo com o art. 9º, § 1º, da LINDB, se a obrigação for executada no Brasil e depender de forma essencial, esta deverá ser observada, sendo admitidas as peculiaridades da lei estrangeira quanto aos requisitos extrínsecos do ato. Em outras palavras, eventuais requisitos formais aplicáveis aos contratos de acordo com as leis brasileiras deverão ser observados, sob o risco de o contrato não ser reconhecido como um instrumento válido e exequível à luz das leis brasileiras.

Nesse panorama, no caso de o escopo contratual ser realizado no Brasil, em regra, a lei e a jurisdição brasileiras serão aplicáveis à relação jurídica, especialmente se uma das partes for brasileira, e ajuizar uma ação perante os tribunais brasileiros, ainda que o contrato disponha em con-

DIREITO EMPRESARIAL E PROCESSUAL CIVIL. AGRAVO REGIMENTAL NOS EMBARGOS DE DECLARAÇÃO NO RECURSO ESPECIAL. REPRESENTAÇÃO COMERCIAL. CLÁUSULA DE ELEIÇÃO DE FORO. NULIDADE. HIPOSSUFICIÊNCIA DA REPRESENTANTE. REEXAME DO CONJUNTO FÁTICO-PROBATÓRIO. IMPOSSIBILIDADE. ENUNCIADO N. 7 DA SÚMULA DO STJ.
1. "A competência prevista no art. 39 da Lei n. 4.886/1965 é relativa, podendo ser livremente alterada pelas partes, mesmo via contrato de adesão, desde que não haja hipossuficiência entre elas e que a mudança de foro não obstaculize o acesso à justiça do representante comercial" (EREsp n. 579.324/SC, Relatora Ministra Nancy Andrighi, Segunda Seção, julgado em 12/3/2008, DJe 2/4/2008).
2. No caso, o Tribunal de origem fixou premissas fáticas segundo as quais a representante comercial é parte hipossuficiente na relação contratual e a imposição de foro pela representada dificulta à representante o acesso à jurisdição. Alterar tais conclusões demandaria o reexame do contexto fático-probatório, o que é inviável em recurso especial (Súmula n. 7/STJ).
3. Agravo regimental desprovido.
(BRASIL. Superior Tribunal de Justiça. 4ª Turma. AgRg nos EDcl no REsp 1076384 / DF. Relator: Min. Antonio Carlos Ferreira. Brasília, 18/06/2013).

trário, à luz do art. 9º da LINDB e do art. 21 do CPC, sendo este último transcrito abaixo:

> Art. 21. Compete à autoridade judiciária brasileira processar e julgar as ações em que:
>
> I   o réu, qualquer que seja a sua nacionalidade, estiver domiciliado no Brasil;
> II   no Brasil tiver de ser cumprida a obrigação;
> III   o fundamento seja fato ocorrido ou ato praticado no Brasil.
> Parágrafo único. Para o fim do disposto no inciso I, considera-se domiciliada no Brasil a pessoa jurídica estrangeira que nele tiver agência, filial ou sucursal.

Alternativamente, para fins de mitigar o risco da aplicação da lei e da jurisdição brasileiras, as partes podem eleger a arbitragem como meio de solução de controvérsias.

A arbitragem é o acordo de vontade entre pessoas maiores e capazes que, preferindo não se submeter à decisão judicial, confiam a árbitros a solução de litígios, desde que relativos a direitos patrimoniais disponíveis[129]. A arbitragem no Brasil é regulada pela Lei n.º 9.307, de 23 de setembro de 1996 ("Lei de Arbitragem"). Se o contrato estabelece o procedimento arbitral para solução de controvérsias, as partes podem escolher livremente a lei e o centro de arbitragem correspondentes, à luz da Lei de Arbitragem.

Sobre a aplicabilidade do art. 9º da LINDB em face da autonomia da vontade das partes com relação à eleição da lei aplicável conferida pela Lei de Arbitragem, dispõe a doutrina:

> É certo que, desde que foi emanado tal dispositivo [art. 9º LINDB], o mundo se desenvolveu, a globalização eliminou fronteiras e o intenso intercâmbio de pessoas e mercadorias entre diferentes jurisdições justifica flexibilizar a interpretação aplicada ao

---

[129] GONÇALVES, Marcos Vinicius Rios. **Direito processual civil esquematizado.** 3 ed. São Paulo: Editora Saraiva, 2013. p. 830.

aludido dispositivo, para contemplar de forma moderna e pragmática o anseio das partes.

Foi nesse contexto que a Lei de Arbitragem Brasileira trouxe em seu art. 2º, § 1º, a possibilidade de "as partes escolher[em], livremente, as regras de direito que serão aplicadas na arbitragem, desde que não haja violação aos bons costumes e à ordem pública".

Ou seja, muito embora sob a luz do art. 9º da Lei de Introdução às Normas do Direito Brasileiro ainda possa residir controvérsia sobre a liberdade de as partes escolherem os regramentos de direito material aplicáveis à relação por elas entabulada, ao menos sob a ótica de uma relação jurídica levada a uma disputa arbitral, admite-se que a lei substantiva possa ser indicada pelas partes conforme lhes aprouver.[130]

Com relação à eleição do compromisso arbitral nos contratos de representação comercial, o STJ já firmou entendimento que as partes são livres para pactuar a convenção de arbitragem nesse contexto.[131]

Não obstante, tendo em vista que a LRC é de ordem pública, há riscos de o órgão julgador responsável considerar a aplicação da legislação

---

[130] GAGLIARDI, Rafael Villar; SOUZA, Marcelo Junqueira Inglez de; STRAUBE, Frederico Gustavo. Leis aplicáveis à arbitragem. In: **Arbitragem comercial**: princípios, instituições e procedimentos. A prática no CAM-CCBC. São Paulo: Editora do Brasil, 2013, p. 155-156.

[131] Processual civil. Recurso especial. Cláusula arbitral. Lei de Arbitragem. Aplicação imediata. Extinção do processo sem julgamento de mérito. Contrato internacional. Protocolo de Genebra de 1923.
Com a alteração do art. 267, VII, do CPC pela Lei de Arbitragem, a pactuação tanto do compromisso como da cláusula arbitral passou a ser considerada hipótese de extinção do processo sem julgamento do mérito.
- Impõe-se a extinção do processo sem julgamento do mérito se, quando invocada a existência de cláusula arbitral, já vigorava a Lei de Arbitragem, ainda que o contrato tenha sido celebrado em data anterior à sua vigência, pois, as normas processuais têm aplicação imediata.
- Pelo Protocolo de Genebra de 1923, subscrito pelo Brasil, a eleição de compromisso ou cláusula arbitral imprime às partes contratantes a obrigação de submeter eventuais conflitos à arbitragem, ficando afastada a solução judicial.
- Nos contratos internacionais, devem prevalecer os princípios gerais de direito internacional em detrimento da normatização específica de cada país, o que justifica a análise da cláusula arbitral sob a ótica do Protocolo de Genebra de 1923. Precedentes.
Recurso especial parcialmente conhecido e improvido.
(BRASIL. Superior Tribunal de Justiça. 3ª Turma. Recurso Especial n.º 712.566/RJ. Relatora: Min. Nancy Andrighi. Brasília, 18/08/2005).

brasileira, no caso de as atividades serem realizadas pelo representante comercial no Brasil, ainda que o contrato disponha a aplicação da legislação estrangeira. A noção de ordem pública deve atender sempre às necessidades econômicas de cada Estado, compreendendo os planos político, jurídico, econômico e moral de todo o Estado constituído.[132]

Destaque-se que o art. 2º, § 2º, da Lei de Arbitragem, estabelece que as partes podem escolher, livremente, as regras de direito que serão aplicadas na arbitragem, desde que não haja violação aos bons costumes e à ordem pública. Nesse mesmo sentido, o art. 17 da LINDB dispõe que as leis, atos e sentenças de outro país, bem como quaisquer declarações de vontade, não terão eficácia no Brasil, quando ofenderem a soberania nacional, a ordem pública e os bons costumes. Dessa forma, a autonomia da vontade tem seu limite no momento em que surge a possibilidade de fraude à lei ou ofensa à ordem pública[133], e isso poderá ser considerado pelo órgão julgador competente.

Por fim, insta salientar que, de acordo com o art. 35 da Lei de Arbitragem, o STJ tem a competência para homologar sentença arbitral estrangeira, sendo considerada "estrangeira" a sentença que tenha sido proferida fora do território nacional, conforme parágrafo único do art. 35 da Lei de Arbitragem. O processo de homologação perante o STJ pode durar mais de um ano para ser concluído.

10.3 Prescrição

A prescrição é o instituto por via do qual os direitos se extinguem pelo seu não exercício durante o lapso de tempo fixado na lei.[134]

De acordo com o art. 44, parágrafo único, da LRC, prescreve em cinco anos a ação do representante comercial para pleitear a retribuição que lhe é devida e os demais direitos que lhe são legalmente garantidos.

---

[132] BASSO, Maristela. **Curso de direito internacional privado**. 2 ed. São Paulo: Editora Atlas, 2011, p. 288.

[133] DOLINGER, Jacob e TIBURCIO, Carmen. **Direito internacional privado**: arbitragem comercial internacional. Rio de Janeiro: Renovar, 2003, p. 97-98.

[134] MONTEIRO, João Baptista. Análise da teoria geral da prescrição, considerando se o fato, de direito positivo (Direito Brasileiro), de que a ação é definida como direito abstrato. In: **Doutrinas essenciais de direito civil**. Vol 5.p. 395-443. DTR\1982\20. Editora Revista dos Tribunais, 2010.

ASPECTOS PROCESSUAIS

Pode-se notar, a partir da redação do art. 44, parágrafo único, que o legislador foi omisso no que concerne a data a partir da qual o referido prazo de cinco anos deve ser considerado.

Sobre o assunto, o STJ já manifestou entendimento que o prazo de cinco anos começa a ser contado: (i) a partir do término injustificado do contrato, para fins de o representante comercial pleitear indenização; (ii) a partir da data em que as comissões são devidas, para fins de o representante comercial requerer as comissões correspondentes; e (iii) a partir da data em que as comissões são pagas, para o fim de o representante requerer o pagamento de diferença das comissões, no caso de comissões pagas a menor.[135]

---

[135] Empresarial, civil e processual civil. Recurso especial. Juízo de admissibilidade. Deficiência na fundamentação. Necessidade de revisão do contexto fático-probatório. Reexame de cláusulas contratuais. Representação comercial autônoma. Lei de regência. Prescrição. Prazo, termo inicial e retroatividade. Correção monetária pelo INPC. [...]
- Às partes que contrataram representação comercial autônoma antes da vigência da Lei 8.240/92 não se aplicam as regras da lei nova. Aplica-se, no entanto, a Lei 8.240/92 caso as partes tenham celebrado, já durante a sua vigência, alteração contratual no intuito de adaptar o negócio jurídico aos seus termos. Precedentes.
- O direito e a pretensão de receber verbas rescisórias (arts. 27, "j", e 34 da Lei 4.886/65) só nascem com a resolução injustificada do contrato de representação comercial. Desde então, conta-se o prazo prescricional.
- A regra prescricional não interfere na forma de cálculo da indenização estipulada no art. 27, "j", da Lei 4.886/65, pois, embora ela tenha por base o 'total da retribuição auferida durante o tempo em que exerceu a representação', isso não significa dizer que, no passado, já havia algum direito à indenização e que ele era exigível. A pretensão para cobrança dessa indenização por rescisão indevida nasce com o fim do contrato.
- A pretensão do representante comercial autônomo para cobrar comissões nasce mês a mês com o seu não pagamento no prazo legal, pois, nos termos do art. 32, §1o, da Lei 4.886/65, "o pagamento das comissões deverá ser efetuado até o dia 15 do mês subsequente ao da liquidação da fatura, acompanhada das respectivas cópias das notas fiscais". De modo análogo, a pretensão para cobrar indenização nasce com a efetiva quebra da exclusividade. Assim, a cada mês em que houve comissões pagas a menor e a cada venda feita por terceiro em sua área de exclusividade, nascia para o representante comercial o direito de vir a juízo obter a prestação jurisdicional que lhe assegurasse a devida reparação.
- É quinquenal a prescrição para cobrar comissões, verbas rescisórias e indenizações por quebra de exclusividade contratual, conforme dispõe o parágrafo único do art. 44 da Lei 4.886/65.
- A prescrição em curso não origina direito adquirido, podendo seu prazo ser aumentado ou reduzido por norma posterior. No entanto, em prol da segurança jurídica, não se pode fazer com que o termo inicial do prazo prescricional reduzido retroaja para uma data anterior à vigência da nova lei. O quinquênio prescricional deve computar-se desde a vigência da Lei 8.240/92. [...]

Ainda, cumpre salientar que o referido prazo de cinco anos diz respeito ao direito de ação, e não ao direito indenizatório. Assim, quando aplicável, as indenizações devem ser calculadas não apenas com base nos últimos cinco anos, mas sim levando em consideração todo o prazo de vigência do contrato[136].

Destaque-se que o prazo prescricional de cinco anos foi introduzido pela Lei 8.420/92, que alterou a redação da Lei 4.886/65, sendo a redação original da Lei 4.886/65 omissa no que concerne a prazos específicos de prescrição para a representação comercial.

Dessa forma, com relação aos contratos firmados antes da vigência da Lei 8.420/92, o STJ adotou o posicionamento que não se aplica a regra de cinco anos da lei nova, exceto no caso de as partes terem realizado alteração contratual com o fim de adaptar o negócio jurídico de acordo com as suas disposições. Assim, no caso de contratos firmados anteriormente à Lei 8.420/92, aplica-se o prazo prescricional de vinte anos, previsto no art. 177 da Lei 3.071, de 1º de janeiro de 1916 (Código Civil de 1916).[137]

(BRASIL. Superior Tribunal de Justiça. 3ª Turma. Recurso Especial n.º 1085903/RS. Relatora: Min. Nancy Andrighi. Brasília, 20/08/2009).

[136] REPRESENTAÇÃO COMERCIAL – RESCISÃO UNILATERAL DO CONTRATO POR PRAZO INDETERMINADO – AÇÃO DE INDENIZAÇÃO – PRESCRIÇÃO – ART. 27, "J", DA LEI Nº 4.886/65. A indenização devida ao representante comercial, em decorrência da rescisão unilateral do contrato por parte do representado, deve obedecer às disposições do artigo 27, alínea "j", da Lei nº 4.886/65, alterado pela Lei nº 8.420/92, que prevê como base de cálculo o total da retribuição auferida durante o tempo em que foi exercida a representação, e não apenas as parcelas referentes aos últimos cinco anos, haja vista que o prazo descrito no parágrafo único do artigo 44 daquele diploma legal refere-se ao exercício do direito de ação, e não ao próprio direito indenizatório vindicado.
Recurso especial não conhecido.
(BRASIL. Superior Tribunal de Justiça. 3ª Turma. Recurso Especial n.º 434885/AM. Relator: Min. Castro Filho. Brasília, 16/09/2004).

[137] CIVIL E PROCESSO CIVIL. RECURSO ESPECIAL. AÇÃO DE COBRANÇA. REPRESENTAÇÃO COMERCIAL. PRESCRIÇÃO. REDUÇÃO ZONA DE ATUAÇÃO. REMUNERAÇÃO. ANUÊNCIA TÁCITA DO REPRESENTANTE. COMISSÃO.
1. Discussão relativa à prescrição da pretensão do representante comercial de receber diferenças de comissão e à alegada nulidade de cláusulas que permitiram a redução unilateral e paulatina de área de atuação em contrato de representação, que não contém cláusula de exclusividade, por violação ao disposto no art. 32, § 7º, da lei 4.886/65.
2. Esta Corte tem entendimento pacífico no sentido da aplicação do prazo prescricional de 5 anos, para contratos de representação comercial celebrados após a entrada em vigor da Lei 8.420/92, sem fazer qualquer ressalva em relação à condição de falido ou não do representado.

Capítulo 11
Aspectos Trabalhistas

Conforme já apontado anteriormente no presente estudo, a representação comercial autônoma é atividade exercida pelo representante comercial, de acordo com as disposições previstas na LRC.

Não obstante, muitas vezes o contrato de representação comercial autônomo é utilizado apenas como "rótulo" para se encobrir uma relação de emprego. Nessa hipótese, a Justiça do Trabalho considera os representantes comerciais autônomos, como empregados, quando da realidade fática

---

3. As modificações introduzidas pela Lei 8.420/92, no tocante ao prazo prescricional, não podem retroagir para atingir as pretensões relativas ao primeiro pacto, visto que o instituto dos contratos é regido pela lei do tempo da sua assinatura, devendo ser aplicado o prazo prescricional do art. 177 do CC/16, para a pretensão de recebimento de diferenças de comissão, no período compreendido entre 01/10/1990 e 01/03/1994.
4. A existência de fundamento do acórdão recorrido não impugnado - quando suficiente para a manutenção de suas conclusões - impede a apreciação do recurso especial.
5. O princípio da boa-fé objetiva torna inviável a pretensão da recorrente, de exigir retroativamente valores a título da diferença, que sempre foram dispensados, frustrando uma expectativa legítima, construída e mantida ao longo de toda a relação contratual pela recorrida.
6. Recurso especial parcialmente provido.
(BRASIL. Superior Tribunal de Justiça. 3ª Turma. Recurso Especial n.º 1323404/GO. Relatora: Min. Nancy Andrighi. Brasília, 27/08/2013).

emerge verdadeira relação de emprego, em especial quando presente a característica da subordinação[138].

Nesse sentido, quando da elaboração de um contrato de representação comercial e durante a vigência da relação existente entre representante e representado, tanto o operador do direito quanto as partes envolvidas, conforme o caso, devem atentar para os pontos abaixo, elencados de forma

---

[138] PRELIMINAR DE INCOMPETÊNCIA DA JUSTIÇA DO TRABALHO. CONTRATO DE REPRESENTAÇÃO COMERCIAL. INEXISTÊNCIA. VÍNCULO DE EMPREGO EVIDENCIADO.
O egrégio Tribunal Regional, com base nos fatos e provas dos autos, consignou que, diante da comprovação de todos os requisitos de uma relação de emprego (trabalho por pessoa física, subordinado, pessoal, não eventual e oneroso), não haveria falar em prevalência da formalidade entabulada através do contrato de representação comercial, que se apresentaria, na hipótese, apenas como tentativa de elidir os efeitos de uma verdadeira relação de emprego.
A pretensão recursal da reclamada - *ver declarada a inexistência de relação de emprego* - não merece análise no âmbito do recurso de revista, uma vez que somente através do revolvimento de fatos e provas dos autos, procedimento vedado nesta fase recursal - Súmula nº 126 -, seria possível dissentir do consignado no v. acórdão regional e, assim, afastar a conclusão de que, no caso, havia sim típica relação de emprego, que tentava a reclamada camuflar através de contrato de prestação de serviços. A egrégia Corte Regional, no caso, apenas deu, com acerto, efetividade ao princípio da primazia da realidade.
(BRASIL. Tribunal Superior do Trabalho. 2ª Turma. Recurso de Revista n.º 157585-80.2004.5.06.0003. Relator: Min. Guilherme Augusto Caputo Bastos. Brasília, 06/10/2010).
VÍNCULO DE EMPREGO E REPRESENTAÇÃO COMERCIAL. ELEMENTOS COMUNS E DISTINTIVOS.
Considerando que a Lei 4886/65 admite representação mercantil executada por pessoa física e prevê diversas obrigações, principalmente ao representante, torna-se difícil a distinção entre esta modalidade de contrato e vinculo de emprego, mormente se havia contrato escrito, a atividade era externamente executada e estavam presentes todos os componentes comuns a ambos os institutos, ou seja, pessoalidade, continuidade e onerosidade. O traço definidor é a presença de subordinação em grau suficiente à caracterização do liame de emprego, sendo necessário, para tal mister, averiguar o poder de controle exercido pelo recorrido na atividade laboral, que não se confunde com o de mando atribuído ao empregador. Na hipótese, restou comprovado pelo depoimento das testemunhas que o roteiro era estabelecido com a supervisão do gerente, Sr. Galvan, que havia necessidade do cumprimento de metas, que havia reuniões mensais obrigatórias, sendo que o não comparecimento acarretaria advertência verbal ou escrita por parte da gerência e ainda, a visitação aos clientes era controlada pela reclamada, através de contatos telefônicos e apresentação diária de relatório de visitas. Recurso ordinário a que se nega provimento.
(SÃO PAULO. Tribunal Regional do Trabalho da 2ª Região. 10ª Turma. Recurso Ordinário n.º 0 00331-2004-046-02-00-8. Relatora: Des. Rima Aparecida Hemetério. São Paulo, 30/06/2009).

não exaustiva, os quais, em conjunto ou isoladamente, podem caracterizar uma relação trabalhista:

(i) emissão de memorandos, comunicações internas, política de vendas ou quaisquer outros documentos que, rotineiramente, sejam usados na administração interna do representado, em especial quando este for pessoa jurídica, já que referidos documentos são geralmente emitidos por empregadores para seus empregados;

(ii) envio de qualquer correspondência, em especial e-mail, cartas ou fax, para o nome da pessoa física do representante comercial, quando a relação jurídica é firmada entre representado e representante, na qualidade de pessoas jurídicas;

(iii) atos realizados pelo representado que podem ser caracterizadores de subordinação hierárquica do representante, tais como:

(iii.1) elaboração de roteiros e/ou relatórios de visitas aos clientes, em especial os que assinalam tempo despendido pelo representante nas referidas visitas ou em contato com o cliente;

(iii.2) documentos firmados por escrito estabelecendo os dias e os horários em que o representante comercial deve comparecer fisicamente ou realizar atividades junto ao representado;

(iii.3) participação do representante em treinamentos;

(iii.4) qualquer tipo de ordem, em especial se for realizada por escrito;

(iii.5) estipulação de metas de vendas; e

(iii.6) punições, tais como advertência. O ideal é que eventuais infrações cometidas pelo representante sejam penalizadas de acordo com as disposições previstas no contrato de representação comercial, implicando em rescisão por justa causa do contrato pelo representado, se for o caso;

(iv) reembolso e/ou custeio de despesas, tais como locomoção, refeição, combustível e hospedagem, bem como disponibilização de materiais de trabalho, como, por exemplo, telefone, aparelho celular, computador, veículo e cartão de visita;

(v) remuneração fixa ou mínima garantida, tendo em vista que o contrato de representação comercial, contrariamente ao contrato de trabalho, é um contrato de resultado e, portanto, o ideal é que o representante somente faça jus ao recebimento de comissões mediante a realização dos negócios contemplados no contrato de representação comercial;

(vi) autorização prévia do representado para suspensão das atividades durante um determinado período. Exemplificando, se o representante, durante a vigência do contrato de representação, tiver interesse em descansar durante um determinado tempo, esse descanso não precisa ser objeto de autorização prévia do representado, pois nesse período, não havendo o fechamento de vendas, não será devida nenhuma comissão ao representante;

(vii) incentivos, tais como prêmios e bonificações, os quais são geralmente realizados em uma relação de trabalho em decorrência da excelência na produtividade do empregado; e

(viii) benefícios, tais como, assistência médica, seguro de vida e participação em plano de previdência privada.

Os pontos elencados acima não são proibidos por lei, e podem estar presentes na relação de representação comercial. O risco é de estes, em conjunto ou isoladamente, serem caracterizadores de uma relação de emprego.

Dessa forma, o ideal é que as atividades relacionadas à representação comercial se restrinjam ao que for estabelecido no contrato, o qual, a princípio, não deve dispor sobre os elementos descritos acima, e também, observem as limitações impostas pela LRC, de modo a mitigar os riscos que referidas atividades sejam confundidas com uma relação de emprego.

11.1 Metas de Vendas

Situação interessante ocorre no que diz respeito às metas de vendas. Muitos são os casos em que o representado deseja vincular o representante comercial a metas de vendas, como forma de alavancar a comercialização de produtos e/ou a prestação de serviços. O representante comercial, por sua vez, envida esforços para cumpri-las, tendo em vista que recebe honorários variáveis, fazendo jus às comissões, em regra, quando do pagamento dos pedidos ou propostas pelo cliente ao representado, conforme art. 32 da LRC.

Há divergência na jurisprudência se as metas de vendas são consideradas um elemento caracterizador ou não de uma relação trabalhista. De um lado, há o entendimento que as metas de vendas são elemento de subordinação do representante ao representado, sendo a sua estipulação, portanto, característica de uma relação de emprego, em especial quando em conjunto com outros elementos caracterizadores de uma relação de trabalhista, tais como cumprimento de ordens, por exemplo.[139]

De outro lado, há jurisprudência no sentido que a estipulação de metas de vendas é um elemento característico da representação comercial, não sendo um elemento de subordinação hierárquica.[140]

---

[139] REPRESENTAÇÃO COMERCIAL X VÍNCULO DE EMPREGO.
Quando se constata da existência de metas (para as vendas da equipe e para o conquista de novas revendedoras) definem-se os pressupostos da relação de emprego na situação concreta. (MINAS GERAIS. Tribunal Regional do Trabalho da 3ª Região. 1ª Turma. Recurso Ordinário n.º 00752-2011-151-03-00-6. Relatora: Des. Mônica Sette Lopes. Belo Horizonte, 23/04/2012).
VÍNCULO DE EMPREGO. REPRESENTANTE COMERCIAL.
O contrato de trabalho é informal, ao contrário da representação comercial. Demonstrada a subordinação do trabalhador, com o cumprimento de ordens e metas, mesmo que fixadas a distância e ainda o pagamento de importância mensal fixa, forçosa a manutenção da sentença que reconheceu o vínculo empregatício.
(SANTA CATARINA. Tribunal Regional do Trabalho da 12ª Região. 1ª Turma. Recurso Ordinário n.º 02949-2008-018-12-00-2. Relator: Des. José Ernesto Manzi. Florianópolis, 04/03/2010).
[140] CONTRATO DE REPRESENTAÇÃO COMERCIAL.
O fato de haver cobrança na consecução das metas estabelecidas, não caracteriza a subordinação jurídica, uma vez que ao contratante é lícito ditar premissas e regras básicas de

Ainda, o STJ já proferiu entendimento que é caracterizada a prestação de serviços, e não a representação comercial, em contrato para venda de assinaturas de jornal, em que há metas determinadas e prestação de contas[141].

Dessa forma, a estipulação de metas de vendas deve ser aplicada com cautela nos contratos de representação comercial, tendo em vista que a relação jurídica pode ser descaracterizada como tal, com base nos referidos entendimentos jurisprudenciais. O entendimento da autora é que estipular metas ao representante comercial fere a sua autonomia, que é característica marcante dessa figura jurídica.

---

acompanhamento do seu empreendimento, demonstrando estrutura organizacional exemplar e interesse na otimização das vendas. Observe-se, ainda, que, embora o trabalhador autônomo preste seus serviços com autonomia e independência, cabe à reclamada a verificação da presteza e lisura do comportamento de seus representantes com seus clientes, uma vez que, evidentemente, o bom desempenho profissional do representante comercial é pressuposto necessário à manutenção do contrato firmado entre as partes.
(RIO DE JANEIRO. Tribunal Regional do Trabalho da 1ª Região. 10ª Turma. Recurso Ordinário n.º 0061800-58.2008.5.01.0046. Relator: Des. Célio Juaçaba Cavalcante. Rio de Janeiro, 30/06/2010).
RELAÇÃO DE EMPREGO. VENDEDOR. REPRESENTANTE COMERCIAL.
A ingerência expressamente preceituada pela Lei no. 4.886/65 não se confunde com a subordinação jurídica caracterizadora da relação de emprego. Esta se exterioriza pela manifestação dos poderes diretivo e disciplinar do empregador; aquela advém do próprio contrato de representação comercial que dá à empresa o direito de estabelecer metas, prever zonas de atuação, criar estímulos à produção, tudo em consonância com o dispositivo legal citado.
(MINAS GERAIS. Tribunal Regional do Trabalho da 3ª Região. 3ª Turma. Recurso Ordinário n.º 0740-2007-006-03-00-2. Relator: Des. Milton Vasques Thibau de Almeida. Belo Horizonte, 27/02/2008).

[141] Contrato para venda de assinaturas de jornal. Natureza jurídica. Representação comercial. Prestação de serviços. Lei nº 4.866/65 com a redação dada pela Lei nº 8.420/92.
1. Ausentes características próprias do contrato de representação comercial, nos termos do que dispõe a Lei n° 4.866/65, o contrato para venda de assinaturas de jornal, com subordinação a regime de metas e prestação de contas diárias, atuando o contratado no próprio endereço da contratante, mais bem se enquadra na disciplina legal do contrato de prestação de serviços.
2. Recurso especial não conhecido.
(BRASIL. Superior Tribunal de Justiça. 3ª Turma. Recurso Especial n.º 642728 / PR. Relator: Min. Carlos Alberto Menezes Direito. Brasília, 20/09/2005).

Capítulo 12
Conclusão

O objetivo do presente trabalho foi discorrer, de forma não exaustiva, sobre peculiaridades e controvérsias relacionadas aos contratos de representação comercial à luz da legislação brasileira.

A representação comercial, conforme explicitado no presente estudo, apresenta aspectos que a distinguem de uma relação jurídica clássica de direito civil.

Sem dúvidas, a LRC, a qual dispõe sobre os termos e condições que regem a representação comercial no Brasil, apresenta cunho protecionista ao representante comercial, sem distinção de ser este pessoa física ou jurídica.

A título exemplificativo, conforme disposto na presente obra, podemos elencar como elementos de proteção ao representante comercial, à luz da LRC:

(i) a organização e fiscalização das atividades dos representantes por Conselhos Federais e Regionais de Representação Comercial (art. 6 à 26 da LRC);

(ii) a obrigatoriedade de registro dos profissionais perante os Conselhos Regionais de Representação Comercial (art. 2º da LRC);

(iii) exclusividade presumida com relação à zona de atuação do representante, sendo-lhe conferida a diferença das comissões por negócios concluídos pelo representado ou por terceiros em sua zona de atuação exclusiva (art. 31, *"caput"*, da LRC);

(iv) disciplina especial com relação ao prazo, rescisão e indenizações relacionados ao contrato (art. 27 da LRC); e

(v) proteção com relação à diminuição dos resultados auferidos pelo representante comercial (art. 32, § 7º da LRC).

Não obstante o cunho protetivo conferido pela LRC, a representação comercial se distingue fundamentalmente da relação de emprego, uma vez que lhe são conferidas proteção e disciplinas autônomas, estando ausente o caráter de subordinação ou vínculo de dependência, os quais são peculiares de uma relação de emprego. Insta salientar, inclusive, que a ausência de relação de emprego é prevista expressamente no art. 1º da LRC, como um pressuposto para a caracterização da representação comercial.

Ainda, não obstante as divergências doutrinárias e jurisprudenciais, o entendimento da presente autora é que a representação comercial é instituto distinto da agência e da distribuição.

Pode-se destacar que o agente, em regra, tem obrigação de meio, podendo ter obrigação de resultado se assim for pactuado contratualmente, enquanto o representante comercial tem necessariamente obrigação de resultado, recebendo as comissões que lhe são devidas em função de negócios concluídos e, em regra, pagos pelos clientes, de acordo com o art. 32 da LRC.

Destarte, os poderes do representante comercial são mais amplos do que os poderes do agente, tendo em vista que o representante faz a intermediação dos negócios por meio do recolhimento de propostas junto aos clientes, e obtenção de aceite junto ao representado, enquanto o agente tão-somente promove o negócio, não fazendo a referida intermediação.

Tanto o representante comercial, quanto o agente, não concluem o negócio – estes são concluídos, respectivamente, pelo representado e pelo preponente, salvo nas hipóteses do art. 1º, parágrafo único, da LRC, e art. 710, parágrafo único, do Código Civil. Assim, a nomenclatura mais adequada para o representante comercial seria "intermediador comercial", tendo em vista que o profissional, em regra, atua "por conta" do representado, não havendo a representação, salvo se poderes específicos lhe forem conferidos para tanto.

Na distribuição, por outro lado, o distribuidor compra um produto do fornecedor, para fins de revenda para seus clientes, auferindo lucro pela diferença entre os preços de compra e de revenda. O distribuidor, assim, necessariamente conclui o negócio.

Ainda que o contrato de representação comercial seja admitido na forma verbal, tendo em vista as peculiaridades e controvérsias sobre o tema, o recomendável é sua formalização por escrito, para fins de mitigar os riscos de questionamentos e/ou litígios entre as partes.

Assim, não obstante dos cinquenta anos da existência da LRC pode-se verificar que ainda existem dúvidas e controvérsias com relação aos contratos de representação comercial. Cabe a nós, operadores do direito, aprofundamos nossos estudos e contribuirmos dentro de nossos limites de atuação para a unificação de um entendimento jurisprudencial claro e uníssono sobre o tema.

REFERÊNCIAS

ARAÚJO, Paulo Dóron Rehder de. Contrato de Representação Comercial. In: FERNANDES, Wanderley (Coordenador). **Contratos de organização da atividade econômica**. São Paulo: Editora Saraiva, 2011

ASCARELLI, Tullio. O desenvolvimento histórico do direito comercial e o significado da unificação do direito privado. In: **RDM**, São Paulo, n.º 114, 1999

ASSIS, Araken de. **Contratos nominados**. 2 ed. São Paulo: Editora Revista dos Tribunais, 2009

BARBOZA, Heloisa Helena; MORAES, Maria Celina Bodin; TEPEDINO, Gustavo. **Código civil interpretado:** conforme a constituição da república. 2 ed. Vol. II. Rio de Janeiro: Renovar, 2006

BARROSO, Luís Roberto. Disposições constitucionais transitórias (natureza, eficácia e espécies). In: **Doutrinas essenciais de direito constitucional**. Vol. 1. DTR\2012\993. Editora Revista dos Tribunais, 2011

BASSO, Maristela. **Curso de direito internacional privado**. 2 ed. São Paulo: Editora Atlas, 2011

BULGARELLI, Waldirio. **Contratos mercantis**. 8 ed. São Paulo: Atlas, 1995

CHEESEMAN, Henry. **The legal environment of business and online commerce**. 7 ed. Nova Jersey: Pearson, 2013

COELHO, Fábio Ulhoa. **Curso de direito comercial:** direito de empresa. 11 ed. Vol. 3. São Paulo: Editora Saraiva, 2010

CRUZ, Andre Luiz Santa. **Direito empresarial esquematizado**. 1 ed. São Paulo: Editora Método, 2011

DINIZ, Maria Helena. **Conflito de normas**. 3 ed. São Paulo: Editora Saraiva, 1998

DINIZ, Maria Helena. **Direito civil brasileiro:** teoria das obrigações contratuais e extracontratuais. 17 ed. São Paulo: Editora Saraiva, 2002

DOLINGER, Jacob e TIBURCIO, Carmen. **Direito internacional privado:** arbitragem comercial internacional. Rio de Janeiro: Renovar, 2003

FILHO, Oscar Barreto. **Teoria do estabelecimento comercial** – fundo de comércio ou fazenda mercantil. São Paulo: Max Limonad, 1969

FILHO, Sergio Cavalieri. **Programa de responsabilidade civil**. 8 ed. São Paulo: Editora Atlas, 2008

FRANCO, Vera Helena de Mello. **Teoria geral do contrato:** confronto com o direito europeu futuro. 1 ed. São Paulo: Editora Revista dos Tribunais, 2011

FORGIONI, Paula A. **Contrato de distribuição**. 1 ed. São Paulo: Editora Revista dos Tribunais, 2005

GAGLIARDI, Rafael Villar; SOUZA, Marcelo Junqueira Inglez de; STRAUBE, Frederico Gustavo. Leis aplicáveis à arbitragem. In: **Arbitragem comercial:** princípios, instituições e procedimentos. A prática no CAM-CCBC. São Paulo: Editora do Brasil, 2013

GOMES, Orlando. **Contratos**. 20 ed. Rio de Janeiro: Editora Forense, 2000

GONÇALVES, Carlos Roberto. **Direito civil brasileiro:** contratos e atos unilaterais. 6 ed. São Paulo: Editora Saraiva, 2009

GONÇALVES, Marcos Vinicius Rios. **Direito processual civil esquematizado**. 3 ed. São Paulo: Editora Saraiva, 2013

LOUREIRO, Francisco Eduardo. Extinção dos contratos. In: LOTUFO, Renan. NANNI, Giovanni Ettore (Coordenadores). **Teoria geral dos contratos**. São Paulo: Editora Atlas, 2011

MARINONI, Luiz Guilherme. ARENHART, Sérgio Cruz. MITIDIERO, Daniel. **Curso de processo civil**: tutela dos direitos mediante procedimento comum. 1 ed. São Paulo: Editora Revista dos Tribunais, 2005

MARTINS, Fran. **Contratos e obrigações comerciais.** 15 ed. Rio de Janeiro: Editora Forense, 2001

MENDES, Gilmar Ferreira. COELHO, Inocêncio Mártires. BRANCO, Paulo Gustavo

Gonet. **Curso de direito constitucional.** 2 ed. São Paulo: Editora Saraiva, 2008

MIRANDA, Pontes de. **Tratado de direito privado.** 3 ed. Rio de Janeiro: Borsoi, 1972. 60v.

MONTEIRO, António Pinto. **Contrato de agência.** 5 ed. Coimbra: Almedina, 2004

MONTEIRO, João Baptista. Análise da teoria geral da prescrição, considerando se o fato, de direito positivo (Direito Brasileiro), de que a ação é definida como direito abstrato. In: **Doutrinas essenciais de direito civil.** Vol 5.p. 395-443. DTR\1982\20. Editora Revista dos Tribunais, 2010

JÚNIOR, Nelson Nery; NERY, Rosa Maria Andrade. **Código civil comentado.** 6 ed. São Paulo: Editora Revista dos Tribunais, n.º 17, 2008

PEREIRA, Caio Mário da Silva. **Instituições de direito civil:** contratos – declaração unilateral de vontade; responsabilidade civil. 13 ed. Rio de Janeiro: Editora Forense, 2009

REQUIÃO, Rubens Edmundo. **Nova regulamentação da representação comercial autônoma.** 3 ed. São Paulo: Editora Saraiva, 2007

REQUIÃO, Rubens Edmundo. **Do representante comercial:** comentários à Lei n.º 4886, de 9 de dezembro de 1965, à Lei n.º 8420, de 8 de maio de 1992, e ao Código Civil de 2002. 9 ed. Rio de Janeiro: Editora Forense, 2008

SAAD, Ricardo Nacim. **Representação comercial.** 3 ed. São Paulo: Saraiva, 2003

SAITOVITCH, Ghedale. **Comentários à lei do representante comercial.** 1 ed. Porto Alegre: Livraria do Advogado, 1999

SAMPAIO, José Damasceno. **O representante comercial autônomo.** 2 ed. São Paulo: LTr, 2013

SANTOS, J.A. Penalva. **Os contratos mercantis à luz do Código Civil.** 1 ed. São Paulo: Malheiros Editores, 2006

SANTOS, Zaida José dos. **Da competência da Justiça do Trabalho em relação à representação comercial autônoma.** Disponível em: https://www.trt3.jus.br/download/artigos/pdf/112_competencia_jt_repr_comercial.pdf. Acesso em 18 set. 2016

SCHOENBAUM, Chow. **International business transactions.** 2 ed. Nova Iorque: Aspen Publishers, 2010

SIQUEIRA, Tânia Bahia Carvalho. A cláusula de exclusividade nos contratos empresariais. In: **Revista de direito privado.** Vol. 13. DTR\2003\82. Editora Revista dos Tribunais, 2003

THEODORO Júnior, HUMBERTO. **Do contrato de agência e distribuição no Código Civil**. Disponível em: http://www.egov.ufsc.br/portal/sites/default/files/anexos/8198-8197-1-PB.htm. Acesso em 18 set. 2016

VENOSA, Sílvio de Salvo. **Direito civil:** contratos em espécie. 13 ed. São Paulo: Editora Atlas, 2013

VENOSA, Sílvio de Salvo. **Direito civil:** teoria geral das obrigações e teoria geral dos contratos. 14 ed. São Paulo: Editora Atlas, 2014

WALD, Arnold. **Obrigações e contratos**. 10 ed. São Paulo: Revista dos Tribunais, 2000

WHITTAKER, Simon; ZIMMERMANN Reinhard. **Good faith in european contract law**. Cambridge: Press Syndicate of the University of Cambridge, 2000

WIEACKER, Franz. **El principio general de la buena fe**. Tradução de José Luis Carro. Madrid: Civitas, 1982

JURISPRUDÊNCIA

BRASIL. Superior Tribunal de Justiça. 3ª Turma. Recurso Especial n.º 3012/SP. Relator: Min. Eduardo Ribeiro. Brasília, 10/09/1990

BRASIL. Superior Tribunal de Justiça. 4ª Turma. Recurso Especial n.º 26.388/SP. Relator: Min. Sálvio de Figueiredo. Brasília, 10/08/1993

BRASIL. Superior Tribunal de Justiça. 4ª Turma. Recurso Especial n.º 92.286/PR. Relator: Min. Cesar Asfor Rocha. Brasília, 29/10/1998

BRASIL. Superior Tribunal de Justiça. 3ª Turma. Recurso Especial n.º 242.324/SP. Relator: Min. Carlos Alberto Menezes Direito. Brasília, 07/12/2000

BRASIL. Superior Tribunal de Justiça. 3ª Turma. Recurso Especial n.º 417.058/MG. Relator: Min. Carlos Alberto Menezes Direito. Brasília, 06/12/2002

BRASIL. Superior Tribunal de Justiça. 3ª Turma. Recurso Especial n.º 434.885/AM. Relator: Min. Castro Filho. Brasília, 16/09/2004

BRASIL. Superior Tribunal de Justiça. 3ª Turma. Recurso Especial n.º 712.566/RJ. Relatora: Min. Nancy Andrighi. Brasília, 18/08/2005

REFERÊNCIAS

BRASIL. Superior Tribunal de Justiça. 3ª Turma. Recurso Especial n.º 642728/PR. Relator: Min. Carlos Alberto Menezes Direito. Brasília, 20/09/2005

BRASIL. Superior Tribunal de Justiça. 2ª Seção. Conflito de Competência n.º 60814/MG. Relatora: Min. Nancy Andrighi. Brasília, 27/09/2006

BRASIL. Superior Tribunal de Justiça. 4ª Turma. Recurso Especial n.º 864844/BA. Relator: Min. Massami Uyeda. Brasília, 06/11/2007

BRASIL. Superior Tribunal de Justiça. 2ª Seção. Recurso Especial n.º 579324/SC. Relatora: Min. Nancy Andrighi. Brasília, 12/03/2008

BRASIL. Superior Tribunal de Justiça. 2ª Seção. Conflito de Competência n.º 96.851/SC. Relator: Min. Carlos Fernando Mathias. Brasília, 11/02/2009

BRASIL. Superior Tribunal de Justiça. 3ª Turma. Recurso Especial n.º 1085903/RS. Relatora: Min. Nancy Andrighi. Brasília, 20/08/2009

BRASIL. Superior Tribunal de Justiça. 4ª Turma. Recurso Especial n.º 756.115/MG. Relator: Min. Raul Araújo. Brasília, 05/10/2010

BRASIL. Superior Tribunal de Justiça. 3ª Turma. Recurso Especial n.º 846.543/RS. Relator: Min. Paulo de Tarso Sanseverino. Brasília, 05/04/2011

BRASIL. Superior Tribunal de Justiça. 3ª Turma. Agravo Regimental no Agravo de Instrumento n.º 1.393.063 – PR. Relator: Min. Paulo de Tarso Sanseverino. Brasília, 16/02/2012

BRASIL. Superior Tribunal de Justiça. 3ª Turma. Recurso Especial n.º 1162985 / RS. Relatora: Min. Nancy Andrighi. Brasília, 18/06/2013

BRASIL. Superior Tribunal de Justiça. 3ª Turma. Recurso Especial n.º 1323404/GO. Relatora: Min. Nancy Andrighi. Brasília, 27/08/2013

BRASIL. Superior Tribunal de Justiça. 4ª Turma. Recurso Especial n.º 1126832/RN. Relator: Min. Raul Araújo. Brasília, 07/11/2013

BRASIL. Superior Tribunal de Justiça. 2ª Seção. Recurso Especial n.º 130.392/MG. Relator: Min. Raul Araújo. Brasília, 26/03/2014

BRASIL. Superior Tribunal de Justiça. 4ª Turma. Recurso Especial n.º 1190425/RJ. Relator: Min. Luis Felipe Salomão. Brasília, 02/09/2014

BRASIL. Supremo Tribunal Federal. Repercussão Geral no Recurso Extraordinário 606.003/RS. Relator: Min. Marco Aurélio. Brasília, 20/03/2012

BRASIL. Tribunal Superior do Trabalho. 2ª Turma. Recurso de Revista n.º 157585-80.2004.5.06.0003. Relator: Min. Guilherme Augusto Caputo Bastos. Brasília, 06/10/2010

BRASIL. Tribunal Superior do Trabalho. 4ª Turma. Agravo de Instrumento em Recurso de Revista n.º 1740-30.2009.5.03.0111. Relatora: Min. Maria de Cassis Calsing. Brasília, 15/12/2010

BRASIL. Tribunal Superior do Trabalho. 2ª Turma. Agravo de Instrumento em Recurso de Revista n.º 206440-49.2007.5.18.0004. Relator: Min. Guilherme Augusto Caputo Bastos. Brasília, 06/04/2011

BRASIL. Tribunal Superior do Trabalho. 8ª Turma. Recurso de Revista n.º 479900-64.2008.5.09.0016. Relator: Min. Márcio Eurico Vitral Amaro. Brasília, 11/10/2011

BRASIL. Tribunal Superior do Trabalho. 2ª Turma. Agravo de Instrumento em Recurso de Revista n.º 29000-46.2009.5.04.0017. Relator: Min. José Roberto Freire Pimenta. Brasília, 03/12/2014

DISTRITO FEDERAL. Tribunal de Justiça. 4ª Turma Cível. Acórdão nº 173809 do Processo n.º 20010110919867. Relatora: Des. Vera Andrighi. Distrito Federal, 24/02/2003

DISTRITO FEDERAL. Tribunal de Justiça do Distrito Federal e dos Territórios. 3ª Turma Cível. Apelação n.º 2006 01 1 117141-0. Relatora: Des. Leila Arlanch. Brasília, 11/04/2012

DISTRITO FEDERAL. Tribunal de Justiça. 6ª Turma Cível. Apelação Cível 20110910060962. Relatora: Des. Vera Andrighi. Brasília, 02/05/2012

MARANHÃO. Tribunal de Justiça. 2ª Câmara Cível. Apelação Cível n.º 13194-2009. Relator: Des. Antonio Guerreiro Júnior. São Luís, 07/07/2009

MARANHÃO. Tribunal de Justiça. 5ª Câmara Cível. Apelação Cível n.º 0384972014. Relator: Des. Raimundo José Barros de Souza. São Luís, 15/12/2014

MATO GROSSO. Tribunal Regional do Trabalho da 23ª Região. 2ª Turma. Recurso Ordinário n.º 0080600-46.2010.5.23.0081. Relatora: Des. Leila Calvo. Cuiabá, 09/06/2011

MINAS GERAIS. Tribunal Regional do Trabalho da 3ª Região. 3ª Turma. Recurso Ordinário n.º 0740-2007-006-03-00-2. Relator: Des. Milton Vasques Thibau de Almeida. Belo Horizonte, 27/02/2008

MINAS GERAIS. Tribunal Regional do Trabalho da 3ª Região. 1ª Turma. Recurso Ordinário n.º 00752-2011-151-03-00-6. Relatora: Des. Mônica Sette Lopes. Belo Horizonte,

23/04/2012

PARANÁ. Tribunal de Justiça. 8ª Câmara Cível. Apelação Cível n.º 4871029. Relatora: Des. Denise Kruger Pereira. Curitiba, 17/09/2009

PARANÁ. Tribunal de Justiça. 7ª Câmara Cível. Apelação Cível n.º 1.246.854-9. Relator: Des. Fábio Haick Dalla Vecchia. Curitiba, 11/11/2014

RIO DE JANEIRO. Tribunal Regional do Trabalho da 1ª Região. 10ª Turma. Recurso Ordinário n.º 0061800-58.2008.5.01.0046. Relator: Des. Célio Juaçaba Cavalcante. Rio de Janeiro, 30/06/2010

RIO DE JANEIRO. Tribunal Regional do Trabalho da 1ª Região. 2ª Turma. Recurso Ordinário n.º 0160600-93.2008.5.01.0023. Relatora: Des. Volia Bomfim Cassar. Rio de Janeiro, 06/11/2013

RIO GRANDE DO SUL. Tribunal de Justiça, 1ª Câmara Cível. Apelação n.º 590044616. Relator: Des. Tupinambá Miguel Castro do Nascimento. Não-Me-Toque, 14/08/1990

RIO GRANDE DO SUL. Tribunal de Justiça, 16ª Câmara Cível. Apelação n.º 70025789058. Relatora: Des. Ana Maria Nedel Scalzilli. Porto Alegre, 13/11/2008

RIO GRANDE DO SUL. Tribunal de Justiça. 16ª Câmara Cível. Apelação Cível n.º 70049052277. Relator: Des. Paulo Sérgio Scarparo. Porto Alegre, 31/05/2012

RIO GRANDE DO SUL. Tribunal de Justiça. 15ª Câmara Cível. Apelação n.º 70051198612. Relatora: Des. Ana Beatriz Iser. Porto Alegre, 24/10/2012

RIO GRANDE DO SUL. Tribunal de Justiça. 16ª Câmara Cível. Agravo de Instrumento n.º 70051394872 RS. Relator: Des. Paulo Sérgio Scarparo. Porto Alegre, 29/11/2012

RIO GRANDE DO SUL. Tribunal de Justiça. 22ª Câmara Cível. Apelação n.º 70061465704. Relatora: Des. Marilene Bonzanini. Santa Maria, 03/10/2014

RIO GRANDE DO SUL. Tribunal de Justiça. 15ª Câmara Cível. Apelação n.º 70030153274. Relator: Des. Otávio Augusto de Freitas Barquicellos. Porto Alegre, 11/03/2015

RIO GRANDE DO SUL. Tribunal de Justiça. 16ª Câmara Cível. Apelação Cível n.º 70067225011. Relator: Des. Ergio Roque Menine. Porto Alegre, 25/02/2016

RIO GRANDE DO SUL. Tribunal Regional do Trabalho da 4ª Região. 2ª Turma. Recurso Ordinário n.º 0000214-92.2012.5.04.0661, Relator: Des. Marcelo José Ferlin D. Ambroso. Passo fundo, 24/06/2014

SANTA CATARINA. Tribunal Regional do Trabalho da 12ª Região. 1ª Turma. Recurso Ordinário n.º 02949-2008-018-12-00-2. Relator: Des. José Ernesto Manzi. Florianópolis, 04/03/2010

SÃO PAULO. Tribunal de Justiça. 2ª Câmara. Apelação n.º 9055199-54.2000.8.26.0000. Relator: Des. Luiz Sabbato. São Paulo, 30/01/2001

SÃO PAULO. Tribunal de Justiça. 17ª Câmara de Direito Privado. Apelação n.º 9074821-07.2009.8.26.0000. Relator: Des. Simões de Vergueiro. São Paulo, 19/08/2009

SÃO PAULO. Tribunal de Justiça. 21ª Câmara de Direito Privado. Apelação n.º 0220375-64.2002.8.26.0100. Relator: Des. Itamar Gaino. São Paulo, 02/06/2011

SÃO PAULO. Tribunal de Justiça. 35ª Câmara de Direito Privado. Apelação com Revisão n.º 0224644-10.2006.8.26.0100. Relator: Des. Clóvis Castelo. São Paulo, 04/07/2011

SÃO PAULO. Tribunal de Justiça. 33ª Câmara de Direito Privado. Apelação com Revisão n.º 9229520-63.2003.8.26.0000. Relator: Des. Sá Moreira de Oliveira. São Paulo, 22/08/2011

SÃO PAULO. Tribunal de Justiça. 25ª Câmara de Direito Privado. Apelação com Revisão n.º 9109556-71.2006.8.26.0000. Relator: Des. Antônio Benedito Ribeiro Pinto. São Paulo, 21/09/2011

SÃO PAULO. Tribunal de Justiça. 11ª Câmara de Direito Privado. Apelação n.º 3002154-72.2003.8.26.0506. Relator: Des. Rômolo Russo. São Paulo, 23/05/2013

SÃO PAULO. Tribunal de Justiça. 20ª Câmara de Direito Privado. Apelação n.º 9187096-93.2009.8.26.0000. Relator: Des. Correia Lima. São Paulo, 24/02/2014

SÃO PAULO. Tribunal de Justiça. 20ª Câmara de Direito Privado. Apelação n.º 0004393-61.2009.8.26.0160. Relator: Des. Correia Lima. São Paulo, 02/06/2014

SÃO PAULO. Tribunal de Justiça. 36ª Câmara de Direito Privado. Apelação com revisão n.º 0192965-79.2012.8.26.0100. Relator: Des. Pedro Baccarat. São Paulo, 31/07/2014

SÃO PAULO. Tribunal de Justiça. 22ª Câmara de Direito Privado. Apelação n.º 0009429-42.2003.8.26.0533. Relator: Des. Fernandes Lobo. São Paulo, 29/01/2015

SÃO PAULO. Tribunal Regional do Trabalho da 2ª Região. 10ª Turma. Recurso Ordinário n.º 00331-2004-046-02-00-8. Relatora: Des. Rima Aparecida Hemetério. São Paulo, 30/06/2009

REFERÊNCIAS

LEGISLAÇÃO

i) Brasileira

Código de Ética e Disciplina dos Representantes Comerciais

Constituição Federal de 1988

Decreto n.º 737, de 1850

Decreto-Lei n.º 3.688, de 3 de outubro de 1941 – Lei de Contravenções Penais

Decreto-Lei n.º 4.657, de 4 de setembro de 1942 – Lei de Introdução às Normas do Direito Brasileiro

Lei n.º 3071, de 1º de janeiro de 1916 – Código Civil de 1916

Lei n.º 4.886, DOU 10/12/1965, alterada pela Lei 8420, DOU 11/05/1992 – Regula as atividades dos representantes comerciais autônomos

Lei n.º 6.279, de 28 de novembro de 1979 – Lei Ferrari

Lei nº 10.406, DOU 11/01/2002 – Código Civil de 2002

Lei n.º 9.307, de 23 de setembro de 1996 – Lei de Arbitragem

Lei n.º 12529 de 30 de novembro de 2011 – Lei de Defesa da Concorrência

Lei n.º 13.105, de 16 de março de 2015 – Código de Processo Civil

ii) Estrangeira

(França) Código Civil

(Itália) Código Civil

(Portugal) Decreto-lei n.º 178/86, de 3 de julho

WEBSITES

http://www.confere.org.br. Acesso em 18 set. 2016

http://www.stf.jus.br/portal/glossario/verVerbete.asp?letra=R&id=451. Acesso em 18 set. 2016

ÍNDICE

Dedicatória 5

Agradecimentos 7

Lista de siglas e abreviaturas 9

Sumário 5

Capítulo 1
Introdução 15

Capítulo 2
Considerações Preliminares 19

Capítulo 3
Representação Comercial, Agência e Distribuição 27

Capítulo 4
Registro no Conselho 47

Capítulo 5
Forma 53

Capítulo 6
Exclusividade 57

Capítulo 7
Remuneração 69

Capítulo 8
A Boa-Fé Objetiva e as Alterações no Contrato de Representação Comercial 77

Capítulo 9
Prazo, Rescisão e Indenizações 89

Capítulo 10
Aspectos Processuais 101

Capítulo 11
Aspectos Trabalhistas 117

Capítulo 12
Conclusão..123

REFERÊNCIAS 127